思無邪小記

——姚靈犀性學筆記

姚靈犀 著
蔡登山 編

姚靈犀照片

目次

創下許多「第一」的性學專家
——姚靈犀其人其書／蔡登山 ／007
弁言 ／033
題詞 ／035
思無邪小記・正文 ／037
附錄
非花記 ／233
鑑戒實錄 ／239

創下許多「第一」的性學專家——姚靈犀其人其書

蔡登山

記得姚靈犀的名字，最早來自周越然（1885-1962），周越然擁有編譯家、藏書家、作家等頭銜，他從編輯商務印書館的《英語模範讀本》教科書而致富，然後把版稅拿去買書，買些中西的「海外孤本」，成為當時著名的藏書家。又由於他不僅蒐藏還研究這些書籍，寫下不少的版本考證、書話之類的文字，又使他成為一位作家。周越然所藏固不乏宋刊元槧，更以詞曲小說等明清精刻精印本、手稿鈔本為其特色。書人收藏，與商人不同。成功之訣，在於特色。他深得此中三昧。他說「書之奇者，不因版古，必因稀見」，因而他的皮藏，不收古董商追逐的宋槧元刊，而是中、英文珍本秘笈雅俗兼收，在我國藏書史上，重視中西並蓄，周越然可謂得風氣之先者。另外他特別重視蒐羅東西方情色文化的香豔書為其特色。這在當時風氣未開的中國，是需要眼光和勇氣的。用他自己的話說，「北平某報譏余專藏淫書，南京某報罵余專譯淫書，其實，余所藏所譯皆名著也。」他單是《金瓶梅》的中外版本就有十多種。他豐富的性學藏書，多是人棄我取的孤本珍品，是研究古代相關性文化的珍貴史料。

周越然在寫於一九四四年的讀書札記〈《金瓶梅》與《續金瓶梅》〉一文，便提到姚靈犀的《瓶外卮言》一書，他說：「《瓶外卮言》為研究《金瓶梅》者最佳最便之參考書，此書於民國二十九年由天津法租界天津書局出版。書內含（一）著者時代及社會背景，（二）詞話，（三）版本之異同，（四）與《水滸傳》、《紅樓夢》之衍變，（五）小札，（六）集諺，（七）詞曲等篇，共二百六十頁。〈小札〉係專名或土語之字彙；如蓋老（某婦之夫也），色系女子（絕好也），刮刺（勾引也），油水（侵潤也），四海（交遊廣也），眼裡火（目中出火，見則心愛也），不聽手（不聽指使也）等等，無不一一詳解之。」《瓶外卮言》在一九四〇年出版，對《金瓶梅》有獨好的周越然，馬上購得該書，而且寫下提要，這或許是該書最早的書評。

之後這部研究《金瓶梅》的開山之作——《瓶外卮言》就一直無人提及，如李田意編的《中國小說研究論著目錄》、澤田瑞穗編的《金瓶梅研究資料要覽》、魏子雲著《金瓶梅探原》，甚至號稱相當完備的《金瓶梅研究書目》（宋隆發編）都不見著錄該書。一直到一九八〇年三月，旅居美國三十五年，先後任美國勞倫斯大學、耶魯大學和印第安那大學中文教授的柳亞子的長公子柳無忌（1907-2002）教授，在臺灣的《書評書目》雜誌發表〈不見著錄的一部金瓶梅研究資料〉一文，才詳細介紹了姚靈犀的《瓶外卮言》。柳無忌教授說：「此書出版於抗戰期間早已淪陷的天津，所以一直不為國人所注意，在國內亦未流傳。我手頭有的那本，為昭和三十七年（1962）日本采華書林重印本，繼澤田瑞穗的《金瓶梅研究資料要覽》，列為「采華學術叢書」第二號。書前有昭和三十七年采華書林主人的〈發刊辭〉。」「禮失而求諸野」，沒想到被時代湮沒的《瓶外卮言》，卻在域外的日本被重印出來。

柳無忌對此書的評價云：「這些文章，不論是轉載他人的作品，或作者自撰，其貢獻與重要性都次於本書下半部的幾篇。尤其是實為洋洋大著的所謂〈金瓶小札〉（一〇〇至二四〇頁，共一百四十頁），凡有關小說中不易解釋，隱晦難詳的俚言俗語，均『一一拈出，考其所本』；此類工作，對於金瓶梅的讀者極有幫忙。不僅此，文中有許多條，亦見於其他小說，及劇曲，因此極有參考的價值。此文簡直是一部俗語辭典，可以補張相《詩詞曲語辭》、陸澹安《小說詞語匯釋》、傅朝陽《方言詞例釋》、朱居易《元劇俗語方言例釋》書的不足。此外，如最後二篇〈金瓶集諺〉與〈金瓶詞曲〉的這種編集工作，亦沒有前人做過。」如同三、四十年前的周越然，柳教授也道出了〈金瓶小札〉的重要性，它是解開《金瓶梅》中俚言俗語的一把鑰匙，何況它還對這些隱晦難詳俚言俗語考其所本，這非對當時的名物、風俗等等有淵博的涉獵者不能為。而〈金瓶集諺〉與〈金瓶詞曲〉兩文，更有著開創的性質，姚靈犀也意識到，因此他在〈金瓶集諺〉後曾有一段話云：「此書方言俗諺，索解甚難。賞奇析疑，殊饒興趣。先此拋磚引玉，初非貴櫝輕珠也。俟有增補訂正時，再將《金瓶梅》之批評，前人記述，西門慶、潘金蓮之紀事年表，書中人名表，書中時代宋明事故對照表，暨《金瓶寫春記》，《詞話》本刪文補遺等，一併付刊，以成完璧。」只可惜我們不知道他是否完成這些工作，因為沒見到有增訂本流傳下來。

學者施蟄存（1905-2003）晚年寫有〈勉鈴〉一文，發表在一九九一年《學術集林》（卷二）。該文釋《金瓶梅》的淫具，卻能文字風雅有趣。文章說：「西門慶隨身帶有一個淫器包兒。這個包兒的內容，屬於藥物類的有『閨艷聲嬌』、『顫聲嬌』，這二者是同物異名。有『封臍膏』。屬於淫器類的有『銀托子』、『硫黃圈』、『相思套』、『藥煮白綾帶子』、『懸玉環』、『景東人事』、『勉鈴』。一共只有十種，大概作者所知道的已全部開列出來了。」施蟄存關於「勉鈴」的考釋，是因《金瓶梅》第十六回中有一首〈西江月〉云：「號稱金面勇先鋒，戰降功第一，揚名勉子鈴」。西門慶釋之：「勉鈴，南方勉甸國出來的。先把它放入爐內，然後行事，妙不可言。」由此可見，這小玩藝原為泊來物。施蟄存考據後總結緬鈴乃是「一個小銅球，遇熱能自跳動」。但他卻又不解，「爐」為何物？他認為「用不到放入爐中」。他以為：「緬甸男子以此物嵌於勢上，與婦人合歡時使其顫動，以求刺激」。「決不是放入婦人牝內的」。其實施先生把「爐」字，理解成爐子的爐，是錯的。「爐」字明明是女陰，這在《中國古代房內考》中就有這個解釋。

我們看一下姚靈犀的解釋：

勉子鈴　即緬鈴也。《談薈》及《粵滇雜記》均詳言之。淫鳥之精，以金裹之，其形如鈴，可助房中術者。見《辭源》「緬鈴」條。又《漁磯漫鈔》及他書皆謂鵲不停、石錘，均此物也，而各異其名。

爐　謂女子陰也。亦名曰鼎，皆道家採補之流，巧立之名目也。

而另外施蟄存談到的幾樣淫器及春藥，我們在姚靈犀的〈金瓶小札〉中，也找到解答：

托子　淫器也。今不傳其製。據原書「試帶」一回，略云，白綾帶較銀托子柔軟，不格的人疼，又得連根盡沒。又據「含酸」一回，竟用雙銀托，想鑄銀為圈，勒於身根。束則血僨陽強，藉以久戰。又壓陰髮礫怒。或於玉莖之下，更有銀片襯托，而以藥煮成者也。

景東人事　景東即孟艮，在緬甸。俗呼「觸器」為「人事」。三五十年前香粉店、荷包店有售廣東人事者，俗呼為「角先生」。按「人事」疑是「人勢」之訛傳。王世貞《史料後集》載，世蕃當籍，有金絲帳、金溺器、象牙、廂金觸器之類，執政恐駭上聞，令銷之。可知明中葉奢淫之風，此器已盛行矣。

相思套　《棲流略》曰，「龜帽，使毒不致上蒸，精不致下凝。俗所謂『風流套』

者也」。現市上有售風流如意袋者，不僅為避毒之用。高棱肉刺，兼以媚內。一經御後，婦女莫不相思欲絕。此淫器也。

硫黃圈　《棲流略》曰，「所謂鵝稜圈者，蓋以補修其形也」。勢之頸，束以圈，古用硫黃製，磨研則生熱。後世以牛筋為圈，或削鵝翎，或剪絨鬚，圍於外。進則順，退則磔張，如瓶刷然，亦淫器也。

藥煮白綾帶　據原書，當其製帶時略云：以倒口針縫白綾為帶，內裝顫聲嬌，束之於根，繫之於腰，較銀托子為柔軟，不格人痛，又得連根盡沒也。其試帶時略云：替其紮於麈柄之根，繫腰間甚緊，一經聳弄，比平常舒半寸有餘，間不容髮。按此帶舊都香粉店、荷包店昔有售之者，近三十年已禁絕矣。

懸玉環　淫器也，不知何物。或係懸蓮者。

封臍膏　膏藥之貼於臍上者。守命門，固精液。今故都藥肆，有暖臍膏。

香閨聲嬌　《詞話》作「閨豔聲嬌」，房中藥也。《北戶錄》言紅蝙蝠收為媚藥，此藥敷於下體者，與內服藥不同。

除此而外，姚靈犀還提到不少的名詞，如非對性學方面的知識極為淵博者，恐不易解釋清楚的，如：

月水　一名桃花癸水，亦曰月客，或曰紅潮，即婦女之月經。

天癸　見《內經》。古統謂男精女血。今專言月經。

龜　龜者男子勢也。養龜即以藥洗陰，或運氣使之昂然偉岸也。以龜為喻，像其伸縮之形。

睡鞋　昔纏足婦女臨寢必易軟底睡鞋，以防纖趾鬆弛，更因剗襪有欠美觀，著此取媚於枕席間。

梳籠　一作梳櫳，或作梳粧，又曰梳弄。客為妓女開苞之謂。女子年及笄曰上頭，從前妓女、清倌皆結髮為辮，迨經客為之成人（又曰點蠟，即擇吉燃紅燭以賀）。例於筵席外，備釵環首飾、衣服被褥、彩禮賞金，妓於是梳髻。從此為渾生意之神女矣。

身上喜　言處女破瓜時之元紅也。因處女膜初破，必有猩紅一點，俗名曰喜。古時以此驗女子之貞操。

入馬　與人通姦之始，調戲入手曰入馬。

入港　男女通姦。勾引上手，名曰入港。猶船泊岸也。

怯床　此妓家術語，言其每於接客時，生恐懼心，畏交合也。男子不能御婦女亦謂怯床。

老和尚撞鐘　行淫姿勢之一種。雙腿高蹺，以帶懸足於上，將臀離空。

倒澆紅蠟　行淫之式。雌乘雄也。

丟身子　即出精之謂。

相思卦　一名鬼卦。婦人以弓鞋擲地，視反覆為陰陽。《聊齋志異》「鳳陽士人」，手拿著紅繡鞋兒占鬼卦。注謂「春閨秘戲」。夫外出，以所著履卜之，仰則歸，俯則否，名「占鬼卦」。

周越然有篇〈西洋的性書與淫書〉文中開宗明義即說：「性書與淫書不同。性書是科學，淫書是小說。性書是醫學，是心理學；淫書是謊言，是『鼠牛比』（案：吹牛皮）。西洋有性書，又有淫書。我國有淫書，而無性書。我們讀了性書，多少總得些智識。我們看了淫書多少總受些惡習。」姚靈犀的一些著作可說是性書，包括他的《思無邪小記》等等，而且是相當有系統的探討到「性」文化。有人推崇張競生（1888-1970），一九二六年他出版《性史》第一集，社會嘩然，使他自己身敗名裂，甚至被稱為「賣春博士」。但若就他的《性史》而觀之，是有些「鼠牛比」，因此後來譯著有《性的教育》和《性的道德》，並翻譯了英國藹理士的《性心理學》等書的潘光旦（1899-1967），在《性心理學》的譯者自序中說：「在有一個時候，有一位以『性學家』自居的人，一方面發揮他自己的性的學說，一方面卻利用藹氏做幌子，一面口口聲聲宣傳要翻譯藹氏的六、七大本研究錄，一面卻編印不知從何處張羅來的若干個人的性經驗，究屬是否真實，誰也不得而知。」潘光旦對張競生這種「野狐禪」的行為，是有所批評的。他對張競生出版《性史》更是深表不滿。周越然甚至說：「西洋性心理學中，常載許許多多『性史』。『性史』就是個人婚姻前後的實錄，心理學家據為研究資料的。首先印行這種資料者，是心理學專家艾理司氏。依科學言，性史全不誨淫。後來張競生採取了艾氏的意思編《性史》（第一集），為什麼大家譏笑他呢？因為張君的著作，確實誨淫。他的那篇董二嫂，是《癡婆子傳》的化身，當然不能登大雅之堂。張競生以後的小冊子，效慕張競生《性史》而作的小冊子，我見過的，總在一百五十種以上。這樣的多，都因為紙張低下的緣故。現在紙張缺乏，馬路上喊賣春宮，喊賣《性史》的癟三，幾幾乎完全沒有了。」時間有時是最好的證明，「搞噱頭，耍花招」的把戲，有時只能一時之間「嘩眾取寵」，終歸要被淘洗掉的。

雖然大學問家錢鍾書（1910-1998）說：「假如你吃了個雞蛋覺得不錯，何必認識那下蛋的母雞呢」？那是錢先生為了拒絕太多媒體記者的採訪的推托之詞，但我們「讀其書，可不識其人」乎？但對姚靈犀而言，他的許多著作都已被湮沒了，還需靠從日本再影印回來，對於他的生平資料更是少得可憐，我曾找遍網路所能找到的，就那麼一些，而且可信度是存疑的。二〇一三年六月一日，因緣際會我見到了廣川醫院院長柯基生先生，目睹柯醫生的收藏，正如寫過《纏足——「金蓮崇拜」盛極而衰的演變》（Cinderella's Sisters: A Revisionist History of Footbinding）的紐約哥倫比亞大學巴納德分校歷史系教授高彥頤（Dorothy Ko）在書中所說的：「關於姚靈犀的資料，柯醫生的收藏無人能出其右。」是的，全世界的圖書館似乎都沒有全套的姚靈犀的《采菲錄》，柯醫生居然收藏原版完整的兩套（每套六冊），另還有一些殘本。當然更讓人驚嘆的是柯醫生收藏大陸各省及臺灣的「金蓮」數目高達上萬雙，這在全世界的收藏也是「無人能出其右」的。因此曾經見過姚靈犀的歷史學者來新夏（1923-）教授，曾為文感嘆連姚靈犀曾長期生活的天津圖書館都只收藏一套殘本的《采菲錄》，而姚靈犀珍藏的金蓮想必也蕩然無存。但隔代有知音，柯醫生不僅保有姚靈犀的所有著作及未刊的詩詞稿《衮雪齋詩詞稿》十冊、《春還堂存稿》一冊、《小㦸集》一冊，這十二冊詩詞都是手稿，以書法名家的姚靈犀（他常為天津《風月畫報》題詞）將其以線裝的形式裝訂成冊，墨跡紙香如故。

從柯醫生提供的資料得知，姚靈犀名訓棋（此根據家譜，而網上資料誤其名為君素），字君素，號衮雪，筆名靈犀。其父名姚箴，母名卞堃德。根據他〈六六初度〉詩云：「朱顏易改笑華顛，枉說詩才老漸圓。初度斟兼元日酒，前生識遍大羅仙。蕭齋飽賞青松雪，檢府虛傳綠水蓮。差喜兒孫有餘慶，桑榆難得太平年。」而其中自注云：予生於清光緒己亥冬月廿九，為一八九九年十二月三十一日。今年周六十六歲，適為一九六五年一月一日也。而網路資料說他卒於一九六三年，顯係錯誤。另高彥頤（Dorothy Ko）在前書中說：「根據他（姚靈犀）的朋友徐振五寫於一九六一年的一首詩，姚靈犀出生於己亥（1899）十一月三十日。姚靈犀的最後一首詩作，寫就於一九五九年。」此皆明顯錯誤，姚靈犀生於一八九九年陰曆十一月二十九日，也就是陽曆十二月三十一日。至於他卒於何年，目前尚無資料，至少到一九六五年元旦他還活著，高彥頤（Dorothy Ko）說他最後一首詩作，寫就於一九五九年，顯係沒見到〈六六初度〉詩。

姚靈犀江蘇丹徒人，從他的〈六一生日自述〉詩得知他生於貧困之家，三、四歲時，家遷到揚州，並入私塾，受業於一位老秀才，也打下他紮實的國學底子及後來能詩能文的才賦。一九一七年他遷居天津，並娶妻查鳳琳。據天津著名崑曲家陳宗樞說：「（姚靈犀）風流倜儻，擅詩古文辭。才思便捷，流寓津門，在天津文藝界頗負盛名，為夢碧詞社成員。」夢碧詞社由天津著名詞人寇夢碧主持，據說「堪稱當代詞界最具水準、最有影響的詞社」。一九二二年姚靈犀去東北，他詩中所云：「隻身去邊塞，戎馬多苦辛。秋風落關榆，故鄉思鱸蓴。」而這年年頭他的女兒彤光出生，年尾兒子姚齊也出生了。一家四口，使得他為謀生計不斷地奔忙，詩云：「年立賦言歸，又逐南車塵。白門未朞月，道路生荊榛。倉皇過沽水，另作入幕賓。時作或時輟，遭遇多邅迍。」由詩觀之，他謀職一直不順利。一九二五年秋，他在南京督幕時，有好友「唐萲猗、胡叔磊、畢素波，皆過江來問訊，舊雨重逢，歡言道故。……遂創吟秋詞社。事未成，而浙師侵境，先後與萲猗、叔磊，航海來京師。」一九二六年春，他在沈宗畸處認識傅芸子，沈宗畸讀了唐萲猗、胡叔磊、畢素波、姚靈犀、傅芸子五人的詩文後，而奇之曰：此五儁也。後來姚靈犀就直隸省署秘書，偕胡叔磊赴天津，公餘之暇，仍以聯吟為樂。一九二七年初夏，姚靈犀集傅、唐、胡、畢等五人，共成「南金」社。所以取名「南金」，蓋取晉朝薛兼等入洛，見張司空的故事。《晉書．薛兼傳》：「兼清素有器宇，少與同郡紀瞻、廣陵閔鴻、吳郡顧榮、會稽賀循齊名，號為『五儁』。初入洛，司空張華見而奇之，曰：『皆南金也。』」唐朝元稹〈春晚寄楊十二兼呈趙八〉詩：「寄之二君子，希見雙南金。」「南金」是比喻南方的優秀人才。「南金」社成立後，「久之同社文稿，集有盈帙，亟謀刊布，乃有雜誌之輯。芸子介弟惜華，文學優長，戲劇深邃，此編頗多臂助，亦續入發起之列。並推予主其事……」於是姚靈犀為《南金》雜誌社社長兼主編。

一九二七年八月《南金》雜誌創刊。《南金》社址位於「意奧交界三十二號」，姚靈犀擔任社長兼主編，編輯部有胡叔磊、畢素波、傅惜華等。除總社外，在北京另設分社，分社長由傅芸子擔任。《南金》為三十二開，每期約八十頁左右。詩詞、書法、篆刻、書畫、隨筆、雜文、論文等應有盡有，另配有彩色插頁。作為綜合性文藝雜誌，其「內容文字之古雅，圖畫之清新，印刷之精美，久為世人所稱讚，稱其為北方唯一最美之文藝月刊」（《南金》第九期廣告）。《南金》前後一共辦了十期，根據柯醫生所收藏的合訂本觀之，姚靈犀每期均找當時名人或名書法家來題「南金」兩字的刊名，第一期（1927.8.10）鄭孝胥題；第二期（1927.9.10）羅振玉題；第三期（1927.10.10）金梁題；第四期（1927.11.10）邵次公題；第五期（1927.12.10）樊增祥題；第六期（1928.1.20）葉恭綽題；第七期（1928.2.10）袁中舟題；第八期（1928.3.30）寶熙題；第九期（1928.4.30）陳寶琛題；第十期（1928.8.30）紅豆館主（溥侗）題。另據《南金》第十期《戲曲專號》所刊載的〈本社特別啟事〉：「本社社長姚君素以事南歸，同人公推胡叔磊為津社社長，傅芸子為平社社長兼總編，一切事務統由胡傅二君負責……」也就是說，姚靈犀在第九期出刊後去了南方，姚靈犀南歸後，《南金》停刊了四個月，一直到同年八月才繼續出版。《南金》的組織機構因此進行了調整，原主編胡叔磊出任社長，主編一職則由傅芸子接任。社址也一度遷往法租界大陸大樓二〇一號。而這期也成為《南金》最後的絕響了。

姚靈犀在《南金》雜誌除了連載《瑤光秘記》小說（該小說後來在一九三八年十月由天津書局出版單行本）外，又發表了〈非花記〉（只登一期，沒寫完）、〈畫訶記〉（後收入《思無邪小記》一書中）、〈鑑戒實錄（上）〉、〈鑑戒實錄（下）〉等文章。而同時他在天津的《坦途》雜誌發表不少的詩詞作品，分別是：一九二七年第二期的〈金縷曲〉、一九二七年第三期的〈金菊對芙蓉〉、一九二七年第四期的〈金縷曲〉、一九二八年第五期的〈寶鼎現〉、一九二八年第六期的〈謝贈寶刀牋代作〉、一九二八年第七期的〈百字令〉、一九二八年第八期的〈湖月〉、一九二八年第九期的〈一萼紅〉、一九二八年第十一期的〈論交〉。其中〈金菊對芙蓉〉是藉描寫御溝來感懷往事並不如煙，詞云：「怨葉流紅，殘螺漲碧，盈盈自繞宮牆。念良緣無分，好景無常，玉泉一出難回首。想年時，洗象風光，欄干徒倚，有人擫笛，偷譜霓裳。偎煖卅六鴛鴦，記照過眉痕，湔過衣香，更橫波閱徧，幾度興亡。葒蘂已冷前朝夢，算朱明，往事淒涼。李花亂起，無情綠水，曾葬紅粧。」而〈論交〉詩云：「承恩不在貌，論交不以利。酒食相徵逐，交情安可致。小人率如此，君子重道義。道義日益重，百事無虛偽。小人果斂跡，君子見真諦。試觀今之人，誰復知此意。酒食為紹介，勢利則諂媚。見而爭逢迎，背面即譏議。賢者寒其心，不敢云友誼。貌美有時衰，利盡各猜忌。叔夜久灰心，孝標增憤恚。處之以中庸，先求無怍愧。」談的是君子與小人及交友之道。由此一詩一詞，即可知姚靈犀的詩詞造詣了。

姚靈犀的重要著作則為《采菲錄》，《采菲錄》是三〇年代姚靈犀在編天津《天風報》副刊「黑旋風」時的專欄名字，取自《詩經・谷風》：「采葑采菲，無以下體。」專門刊載與纏足有關的文字。後更以專欄所載文章和陸續收集的資料編次成帙，彙成一部民俗學巨著，仍稱《采菲錄》。全書共六冊，分序文、題詞、采菲錄之我見、考證、叢鈔、韻語、品評、專著、撮錄、雜著、勸戒、瑣記、諧作、附載等類。其內容包含有纏足史料、品蓮文學、禁纏放足運動資料、政府法令、宣傳文字、時人心得種種，並附有大量照片和插圖。《采菲錄》，副題「中國婦女纏足史料」，初編、續編由天津時代公司於一九三六年一月、二月印行，三編、四集由天津書局於一九三六年十二月及一九三八年二月印行，一九四一年又有新編和精華錄問世。是至今為止整理彙編纏足史料最為齊全的著作，相信也是空前的一部著作。

來新夏在〈姚靈犀與《采菲錄》〉文中說：「上世紀四〇年代初，我在旅津廣東中學讀高中時，常在班上聽到談論我們高一級有個姓姚的才女。她的父親姚靈犀是個研究女人小腳的文人。當年我心中有個疑問，小腳有什麼可研究的，為什麼她的父親研究小腳？有一次和父親說起此疑問，父親笑著說，『姚先生是我熟人，很有學問，就是研究走了偏鋒，很遭人非議，等有閒我帶你去見見他。』不久，我便和父親同去拜訪姚先生。當時，他住在天津張莊大橋英法交界路近一條名叫義慶里的胡同裡。見面後，他很健談，和父親談了許多話，其中不少有關《采菲錄》被社會誤解的話。臨別時，他還送我們一套《采菲錄》。」

《采菲錄》初問世，即招來非議無數，很多人認為姚靈犀是抱著賞玩、褒揚甚至提倡的心態來編輯此書的，以致於他不得不在《續編自序》裡闡明本意，「夫纏足之惡俗，不獨為婦女一身之害也，其影響於民族健康也亦至巨。然其歷史悠遠，久經勸禁而未絕者，必有強固之理存乎其間。吾人欲摒斥一事一物，必須窮源竟委以識其真象，而後始能判其是非。如勸人戒毒，非徒托空言者，亦須先知鴉片之來源及其為害之烈，而後能毅然戒除。故欲革除纏足之風，先宜知其史實，予之搜集資料，勒為專書，即此意也。」

自五代起，中國婦女盛行纏足後，就可以在筆記中看見纏足的記載，如北宋徐積詠蔡家婦有「但知勒四支，不知裹兩足」之句。陸放翁《老學庵筆記》云：「宣和末女子鞋底尖，以二色合成，名錯到底。」《宋史・五行志》：「理宗朝，宮人束腳纖直，名快上馬。」蘇軾〈菩薩蠻〉云：「塗香莫惜蓮承步，長愁羅襪臨波去；只見舞迴風，都無行處蹤。偷穿宮樣穩，竝立雙趺困，纖妙說應難，須從掌上看。」由此看來，在宋代一般人已經把小腳看成是最美的裝飾了。

研究小腳最到家的是清朝的方絢，字陶采，又號荔裳，他曾仿張功父的《梅品》體裁，作《香蓮品藻》。他把小腳分為五式：蓮瓣、新月、和弓、竹萌、菱角。又說香蓮有三貴：一曰肥；二曰軟；三曰秀。他還加以闡釋：「瘦則寒，強則矯，俗遂無藥可醫矣。故肥乃腴潤，軟斯柔媚，秀方都雅。然肥不在肉，軟不在纏，秀不在履，且肥軟可以形求，秀但當以神遇。」他又把小腳分為十八種，分別是：

四照蓮（端端正正、窄窄弓弓，在三寸四寸之間者。）

錦邊蓮（四寸以上至五寸，雖纏束端正，而非勁履，不見稜角者。）

釵頭蓮（瘦而過長，所謂竹萌式也。）

單葉蓮（窄胝平跗，所謂和弓式也。）

佛頭蓮（豐跗隆然，如佛頭挽髻，所謂菱角式，江南之鵝頭腳也。）

穿心蓮（著裏高底者。）

碧臺蓮（著外高底者。）

並頭蓮（將指鉤援，俗謂之裏八字。）

並蒂蓮（銳指外揚，俗謂之外八字。）
同心蓮（側胼讓指，俗謂之裏拐。）
分香蓮（欹指讓胼，俗謂之外拐。）
合影蓮（如侑坐欹器，俗稱一順拐。）
纏枝蓮（全體紆迴者。）
倒垂蓮（決踵躡底，俗稱坐跟。）
朝日蓮（翹指向上，全以踵行。）
千葉蓮（五寸以上，雖略纏粗縛，而翹之可堪供把者。）
玉井蓮（銳是鞋尖，非關纏束，昌黎詩所謂「花開十丈藕如船」者也。）
西番蓮（半路出家，解纏謝纏者。較之玉井蓮，反似有娉婷之致焉。）

這十八種香蓮，有好的，也有壞的。因此他又把小腳分為九等：

神品上上：穠纖得中，修短合度，如捧心西子，顰笑天然。不可無一，不能有二。
妙品上中：弱不勝羞，瘦堪入畫，如倚風垂柳，嬌欲人扶，雖尺璧粟瑕，寸珠塵纇，然希世寶也。
仙品上下：骨直以立，忿執以奔，如深山學道人，餐松茹柏，雖不免郊寒島瘦，而已無煙火氣。

珍品中上：紆體放尾，微本濃末，如屏開孔雀，非不絢爛炫目，然終覺尾後拖沓。

清品中中：專而長，皙而瘠，如飛鳧延頸，鶴唳引吭，非不厭其太長，差覺瘦能免俗。

豔品中下：豐肉而短，寬緩以荼，如玉環《霓裳》一曲，足掩前古，而臨風獨立，終不免「爾則任吹多少」之誚。

逸品下上：窄亦稜稜，纖非甚銳，如米家研山，雖一拳石，而有崩雲墜崖之勢。

凡品下中：纖似有尖，肥而近俗，如秋水紅菱，春山遙翠，頗覺戚施蒙璆，置之雞群，居然鶴立。

贗品下下：尖非瘦形，踵則猱升，如羊欣書所謂「大家婢學夫人」，雖處其位，而舉止羞澀，終不似真。

據說小腳的妙處分為三等：上等是在掌上、在肩上、在鞦韆上。中等是在被中、在燈中，在雪中。下等是在簾下、在屏下、在籬下。當一雙纖纖小腳，被當時的男人在上述的九種場合「憐惜」和「撫摩」，將會帶給男人無限的神往！

《采菲錄》一問世，有些新文人和所謂「正人君子」群起誅伐。有人未認真讀其書，即誣姚靈犀有傷風化者。但也有人認為這是一部研究風俗史的著述。而姚靈犀則有他自己的主張，他在詩中云：「婦女千餘年，備受窅娘毒。痛楚深閨中，午夜聞啼哭。當其行纏初，纖纖由踏蹜。迨至及笄時，刻意等膏沐。生蓮步步香，擬月弓弓玉。荔裳作品藻，笠翁有偶錄。我亦步後塵，千古接芳躅。同好稿紛投，圖影寄相屬。嗜痂竟成癖，海內咸刮目。禍棗與災梨，斯文竟可黷。勸戒雖諄諄，闡理關性欲。采菲成新編，卷懷恨不速。」

據陳宗樞說，一九四四年天津尚在淪陷時期，偽教育局局長何慶元出面在法院狀告姚靈犀編印誨淫書籍，法院立案審理，經姚多方奔走請託，此案遷延近年餘，至一九四五年日本投降，不了了之。而據來新夏說：「但當年對此案就有不同傳說：有說是傳訊，有說是收監。據我父親說，姚先生被監禁過短時間，但一直沒有直接證據。」而據柯醫生所藏姚靈犀〈出獄後感言〉詩云：「……詎知風流罪，忽興文字獄。蛾眉例見嫉，豻目橫加辱。罰鍰二百金，拘縶一來復。方知獄吏尊，始知環人酷。……」姚靈犀確曾因為編撰《采菲錄》、《思無邪小記》等性學書籍被視為大逆不道而鋃鐺下獄。

《思無邪小記》又名《豔海》，或易名為《髓芳髓》，是姚靈犀從一九二五年，在侯疑始主編《翰海》連載，「蒐集古今小品，涉及香豔者，上起經史，下逮說部，選取錄若干則，或加箋注」，集結成書。名為《思無邪小記》，意即鄭衛之音不刪，而以邪僻之思為戒也。後來他移居南京，稿遂中輟。再後來傅芸子主編《北京畫報》，曾刊登一部份。最後在天津的《天風》、《風月》兩報中續刊。前後耗費十五年時間收集種種「獺祭之書籍」，竟達千餘種之多，其記錄有關性文化的資料一時罕有其匹。他原本秘未示人，但聞嗜痂者眾，乃刊此以饜所望。於是一九四一年由天津書局出版。茲錄幾則如下，當可想見一斑。

《漢書藝文志》房中八家，內有容成陰道，務成子陰道，堯舜陰道，湯盤庚陰道，天老雜子陰道，天一陰道諸書，皆房中術也。惜乎此書失傳。但有《素女經》、《素女方》、《玉房秘訣附玉房指要》、《洞玄子》四種。近世長沙葉德輝刊入《雙梅影盦叢書》而已。

長沙葉德輝自印《悔花菴叢書》一本，譚延闓書耑，裝印綦精，為當時贈友之品。內中大致與石印流行之《素女經》相同。惟最後有唐白行簡〈天地陰陽交歡大樂賦〉篇，為坊本所無，謂於某山石室中獲得者。賦長約數千言，於交接之事，分時分類，鋪敘甚詳。文詞豐豔華冶，得未曾有。惜殘闕不完，間多誤字。白行簡為樂天兄弟行也。

文言香豔小說，昉自唐人。如唐代叢書中，太真梅妃外傳等篇是也。宋代有碧雲騢之作，述歐九事，文亦雅蓄。記幼時曾於某書中見之，惜已不詳。至元代，香豔作風乃極盛，如《繡谷春容》所載，多出於元人之手，惟此書近已不易覓。清季末葉，粵中某書局石印有《國色天香》者，計兩本。內刊小說數種，即全由《繡谷春容》中摘取者。計有《龍會蘭池錄》、《劉生覓蓮記》、《尋芳雅集》、《雙卿筆記》（此雙卿非情史悟岡所撰《西青散記》中之雙卿也）、《白錦瓊奇會遇》、《天綠（**按：疑應作緣**）奇遇》、《鍾情麗集》共七種。不特文筆嫵麗，在《板橋雜記》、《畫舫》諸錄之上，即其中詩詞，描述男女熱情，均能極容盡致，敢於赤裸裸寫出，非後來人所能及也。惜乎彼書取材，尚非《繡谷春容》全璧（**按：原作壁**），滄海遺珠，終屬缺憾。《繡谷春容》一書，海內想有存者，暇當訪之。

生理學名詞，女子陰部，統名之曰生殖器。其墳起之處為陰阜，傅以細毛，極形茂密。其下則為陰唇，生於廷孔外口之兩側，儼如門扇，以蔽陰戶者。其內則有小陰唇，紅鮮薄嫩，如花瓣自抱其蕊，而陰核適當其中。一般婦女皆如是也。余曩遊大同，則聞渾源州婦女有重門疊戶之說，初不甚信，繼念水仙有複瓣，牡丹有重臺者，安知造物者不能賦此異爐妙鼎耶？嬌雲，處子也，月娘，婦人也。窺其浴，薄而觀之，所謂大小陰唇皆肥大高厚，逾於尋常，宛然重瓣。洎交接時，愉快不可名狀。韓冬郎詩，異花何必更重臺，恰可移贊渾源婦女玉戶耳。

《漁磯漫鈔（**按：原作砂。作為書名，想應作鈔**）》云，滇南有樹，名「鵲不停」者，枳棘槎枒，群鳥皆避去不敢下，惟鴞之交也則棲止而萃其上，精溢於樹，乃生瘤。土人斷瘤成丸鳥卵，近人肌膚輒自跳躍，就私處益習習然。相傳閨闥密用，然極難得也。《簪雲樓雜說》亦同此說。或謂「鵲不停」即緬鈴，一名太極丸。鴞應作鵬。

藤津偽器，房中淫具也。古名觸器，厥狀殊醜，無異陰莖。用時先置盎中（**按：原作盎盎中。顯然衍一盎字**）以熱湯浸之使軟。稜高頭肥，長約六寸許。下端有孔，穿以線帶，帶繫於踝上，然後仰臥，雙手抱膝，繫帶之腿微翹，足根當陰，納器玉戶中，疾徐伸縮，盡興而為，不啻交媾時也。故嫠婦女尼恒喜試之，既可保全名節，且能怡情遣興。人之大欲，情何能免。一經潛試，緣以成癖。旦旦而伐之，於是花容憔悴矣。大悲君曾戲作角招八律，因俗呼觸器為「角先生」也。

《西廂記》豔冶絕倫。以「繡鞋兒剛半折，柳腰兒恰一搦。羞答答不肯把頭抬，只將鴛枕捱。雲鬟彷彿墜金釵，偏宜鬏髻兒歪。我將你紐扣兒鬆，我將你羅帶兒解。蘭麝散幽齋，不良會把人禁害。咍，怎不回過臉兒來？軟玉溫香抱滿懷。呀，劉阮到天臺。春至人間花弄色，柳腰款擺，花心輕折，露滴牡丹開。蘸著些兒麻上來。魚水得和諧，嫩蕊嬌香蝶恣採。你半推半就，我又驚又愛，檀口搵香腮」以上為正寫。以紅娘口中「他並投效綢繆，倒鳳顛鸞百事有。我獨立在窗兒外，幾曾敢輕咳嗽。立蒼苔，只把繡鞋兒冰透」及「你個月明纔上柳梢頭，卻早人約黃昏後。羞得我腦背後，將牙兒襯著衫兒袖。怎凝眸，只見你鞋底尖兒瘦。一個恣情的不休，一個啞聲兒廝耨（**按：原作耨**），那時不曾害半星兒羞。」詞之淫豔，以此為極。

又《思無邪小記》中曾品評二十四幅中國所繪之春宮圖，後來姚靈犀為曹涵美（1902-1975）的《金瓶梅全圖》第三冊（全十冊，共五百幅）寫序時，特別比較中西春宮圖說道：「吾人觀攝影術所得西洋秘戲，鬚眉畢見，乳陰分明，然不及中國所傳手卷冊頁摹擬入神者，為耐人尋味，即中國畫有含蓄故也。才子佳人，面目身份俱覺可愛，不似西洋照相，男皆荒傖，女均妖蕩，窮形盡相，徒失美感。惟有餘不盡之情，更為聰慧者所顛倒，造意淫二字之人可謂聰明絕頂，故梵典四天天王之淫，自為高下。……想瑞香花下、湖上石畔，一幀春梅旁眈，何等高超！緣男女二根之狀不雅，而男子厥物更不雅觀，即婦人私處亦不求酷肖，兩股之間墳起便足（原圖所繪頭角崢嶸，厥狀甚醜）。秘辛所狀，數字而已，男勢萬不可見，不得已時玉莖半露，若逼真便蛇足矣。……婦人纖趾，古有藕覆罩足背，鞦韆上人藕覆垂足，鞋尖亦不可見，是亦可法。」這顯示出姚靈犀的審美觀。

《未刻珍品叢傳》收錄姚藏稿本《閨豔秦聲》、《塔西隨記》、《麝塵集》，三書均應是首次刊行。《閨豔秦聲》得於天津，著者署名古高陽西山樵子，歌房幃帷燕呢之曲。據考證《閨豔秦聲》最初發表於一九二三年的《大公報》，但其完本見於一九三六年排印的《未刻珍本叢傳》。原作者姓單名阿蒙，文當成於乾隆後期或嘉慶年間。它是一篇由男性作者擬女性口氣來描寫女性情思的作品。我國古代創作這類「易性文學」的傳統源遠流長。《閨豔秦聲》則是古代「易性文學」中一篇饒有情趣的佳作。《塔西隨記》著者署名萍跡子，述曲巷狎邪之事。《塔西隨記》記載了磚塔胡同之西的口袋底、城隍庵、錢串胡同、三道柵欄、小院胡同、玉帶胡同等處的二十多家妓院。在清末光緒庚子以前，「塔西」可謂「北國花叢，鶯嬌燕媚，鬢影釵光」，「隨記」就是對這一帶妓院情況的隨筆記錄。《孱塵集》得來最奇，姚靈犀偶過揚州惜字形檔，見《鹽法志》一冊，將要投入火中處理，急忙攔下帶回，不料竟在書中翻出九頁詩稿，記姬侍怨誹之語，應是怨妾遺詩，倖存於世，遂命名為《孱塵集》，刊印面世，「使閱者知馮小青而外，別有一段傷心史」。姚靈犀在書前作弁言一篇云：「嗚呼。宇宙之間，文人眾矣，抑鬱不自得，乃寄情於豔聞瑣事，以翼其言之無罪，而聞之者好之之可傳也。然而傳不傳無定也。宇宙之間，好女子之淪為姬侍者亦眾矣，抑鬱不自得，乃形諸吟詠，以翼甚或聞於世也。然而聞不聞無定也。世間類此之文字，散佚摧燒者，曷可勝數。而此三者獲存，不可謂非幸事也。」

當年《未刻珍品叢傳》出版時有筆名「龍眠章六」在《風月畫報》為文推介，云：「姚君靈犀，天才卓越，冠絕朋儕，文章風雅，迥異恒流，以是三津各報，群爭聘為撰述，每一文出，茂雅縝密，細膩精緻，邀人驚羨，由來久矣。前者從事纂輯《采菲錄》，品蓮名作，美不勝收，而考風問俗，攸關文獻者實鉅，至麗句清詞，溢譽海內，讀者自有月旦，毋待僕多贅也。邇者於公餘之暇，有《珍品》之輯，洵為有文皆艷，無語不香，至其事之緣起，得之遇合，乃集《閨豔秦聲》、《塔西隨記》及《孱塵集》彙輯而成，卷首弁言，已詳敘之矣，有命名為三奇者，誰曰不可，若其校印之精雅，裝幀之奫璌，乃其餘事耳，爰贅數言，用為介紹。」

姚靈犀是一位博涉群籍，很有性格和獨有見地的人。來新夏說：「幾十年來，很少有人有文論及姚先生和他的著述。我則認為姚先生既非風流罪犯，亦非無行文人，而是一位社會史研究者，文獻、文物的收藏家，是一位獨具隻眼的學者。他是一個小人物，但他做了他認為應該做的事情。他承受了不該承受的苦難，即使他的著述中涉及『性』的問題，他也應被認為是性學研究者，至少應和張競生、劉達臨和李銀河等人相比論，給他的研究以應有的肯定。」而柯醫生也不無感慨地說：「近代名儒姚靈犀因著《采菲錄》，詳述纏足助性生活獲罪。西元一九四四年當金賽（美國性學研究開拓者）獲得企業捐助，專研性學時，姚靈犀因風流罪罰二百金破產，從此東西方性學研究進入消長分水嶺。」

今天我們重新點校他的著作，並重新出版它，我們覺得他在當時以無比的勇氣，開創很多的「第一」：他所編《采菲集》，對有關纏足的史料可謂網羅殆盡，而且是前無古人；他所寫的《思無邪小記》，記錄有關性文化的資料一時罕有其匹；他的《瓶外卮言》對《金瓶梅》的詞語的辨析也獨一無二，而且稱得上是「開山之作」。面對這樣的人物、這樣的著作，我們似乎不該再讓它湮沒不彰了。

弁言

歲在乙丑丙寅間，余喬寓燕京，得與都人士相接。因沈丈南野之介，締交侯疑始君。時侯主編《瀚海》，每晤時輒索稿於余。初以詩詞筆記應之，後難為繼，乃蒐集古今小品涉及（**按：原作乃**）香豔者，上起經史，下逮說部，選錄若干則，或加箋注，投刊《瀚海》。題曰《思無邪小記》，意即鄭衛之音不刪，而以邪僻之思為戒也。侯君跋其尾曰（**按：原作日**）：靈犀此記絕豔，然恐不免為鐵秀所呵矣。一笑。是侯君仍以綺語目之。泥犁豈為我輩設哉？嗣因有金陵之行，稿遂中輟。及傅君芸子主編《北京畫報》，索稿一冊去，排日刊登。有時或亦自撰，而以續記為名。聞嗜痂者眾，刊此以饜所望。後又名之曰《豔海》，或易名為《髓芳髓》，曾於天津之《天風》、《風月》兩報中，略見一斑。十五年來，續有蒐輯，至今續稿（**按：原作縞**）盈尺，供獺祭之書籍亦千餘種，秘未示人。為無益事以遣有涯之生而已。舊雨有知此稿者，告於天津書局主人，從臾印行。重違其請，遂以原稿授之。奈著書無暇，未能加意編次，揉雜之識，自知難免。而此記之內容，顧名亦可思過半矣。

辛巳清明姚靈犀識

題詞

無事燕居續秘辛，綺樓靜對素心人。
江郎妙擅生花筆，字裏行間總是春。
宜興徐季敷

詞工秦柳薄蘇辛，才調翩翩一俊人。
回憶揚州都是夢，仗君筆底挽餘春
湘潭馬鷗盟

情鍾我輩一酸辛，且與鶯花作主人。
瓊寢珠房隨意設，有誰能識鏡中春。
蘇臺哈雪研

幼婦偏矜說受辛，驚才絕豔屬詞人。
緣情更著房帷志，儷草拈花託冶春。
析津趙琴軒

事為無益卻悲辛，持向風塵索解人。
綺語譏呵知未免，欲將天地盡回春。
朱方姚君素

思無邪小記・正文

靈犀

詩經：輾轉反側。言求淑女不可得，寤寐不安之意。然實絕妙四齣春宮秘戲圖也。

韓冬郎詩：碧闌干外繡簾垂，猩色屏風畫折枝。八尺龍鬚方錦褥，已涼天氣未寒時。詩中有人，正在蝶褻。雖南朝妙手，畫之不出。

余曩在內蒙某招提遊，蒙古簡稱曰「招」，猶言「廟」也。招內有泥像二。其一則為獰佛甚偉，御一妙（**按：「妙」疑應作「少」**）女，交股而戲，製塑精工。又一為牡牛腹下壓一少女，女緘眉蹙額，若不勝其痛苦者。皆覆以黃幬，扃戶深諱（**按：「諱」疑應作「幃」**），非有阿堵物不易觀也。

《雜事秘辛》略云：商女瑩從中閣細步到寢，姁與超如詔書周視動止，俱合法相。超留外舍，姁以詔書如瑩燕處，屏斥接待，閉中閣子。時日晷薄辰，穿照蜃窗，光送著瑩面上，如朝霞和雪，豔射不能正視。目波澄鮮，眉嫵連卷，朱口皓齒，修耳懸鼻。輔靨頤頷位置均適。姁尋脫瑩步搖，伸髻度髮，如黝髹可鑒。圍手八盤墜地加半握。已乞緩私小結束，瑩面發赬抵攔。姁告瑩曰：官家重禮，借見朽落，緩此結束，當加鞠苐耳。瑩泣數行下，閉目轉面內向。姁為手緩，捧著日光，芳氣噴襲，肌理膩潔，拊不留手。規前方後，築脂刻玉。胸乳菽發，臍容半寸許珠。私處墳起，為展兩股，陰溝渥丹，火齊齊吐。此守禮謹嚴處女也。約略瑩體，血足榮膚，膚足飾肉，肉足冒骨。長短合度，自顛至底，長七尺一寸；肩廣一尺六寸，臀視肩廣減三寸；自肩至指長各二尺七寸，指去掌四寸，肖十竹萌削也。髀至足長三尺二寸，足長八寸；脛跗豐妍，底平指斂，約縑迫襪，收束微如禁中，久之不得音響。姁令催謝皇帝萬年，瑩乃徐拜，稱皇帝萬年。若微風振簫，幽鳴可聽。不痔不瘍，無黑子創陷，及口鼻腋私足諸過。文人筆底，能奪畫工。世之形容女子身體髮膚，殆無以過此者。視《神女》、《洛神》之賦，未免褻矣。

西藏有歡喜佛，作男女裸體交媾狀，多鑄以銅，亦有繪諸壁者。陶九成《輟耕錄》所稱「演揲之壁」，殆即此歟？明人集云，崇禎辛巳同姜如須過後湖，入一庵。後殿封鎖，具施乃開。皆裸佛交媾，形凡數百尊。守者曰：天地父母。前年大內發出者，其像皆女坐男身。有三頭六臂者，足下皆踏裸女，累人背而疊之。考元成宗大德九年，天寧寺有秘密佛，即言此佛也。君美有記紀其事。

雍和宮，清世宗雍正之潛邸也。帝登位後，始賜今名。喇嘛居之。內供佛像，或形如惡鬼，或狀似野牛，並有男女裸體之像及人獸交媾之態，名歡喜佛。奇狀百出，備極淫褻。鄭所南《心史》有云，元人於幽州建佛母殿，鑄佛裸形，與妖女合，淫狀種種，纖毫畢露。觀此則歡喜佛像之設，當始於元代矣。

元順帝時，哈麻常陰進西天僧，以運氣術媚帝。帝習為之，號演揲兒法。演揲兒，華言大喜樂也。西番僧伽璘真善秘密法，其法亦名變修法，皆房中術也。男女裸處，相與褻狎。號所處室曰「蹔即兀該」，華言「事事無礙」。君臣宣淫，而群僧出入禁中無所禁止，醜聲穢行，著聞於外，雖市井之人，亦惡聞之。

《後漢書》襄楷傳，楷上桓帝疏云，前者宮崇所獻神書，專以奉天地順五行為本，亦有與國廣嗣之術，其文易曉，參同經典，而文帝不行。章懷太子注太平經典帝王篇曰：問（**按：原作間**）曰：今何以生子少也？天師曰：善哉子之言也。但施不得其意耳。如令施其人欲往也，開其玉戶，施種於中，比若春種於地也，十十相應和而生。其施不以其時，比若十月種物於地也，十十盡死，故無生者。真人欲重知其審。今無子之女，雖日百施其中，猶無所生也。不得其所生之處，比若此矣。是故古者聖賢不妄施於不生之地也。名為亡種竭氣，而無所生成。今太平氣到，或有不生子者，反斷絕天地之統，使國少人云云。

元寫本演揲兒法殘卷，即謂之大乘秘密，欲樂定劑門，修習者。卷內有云，本尊吉祥形嚕葛（**裸男**），一面二臂，其身白色，右手持□□（**按：方框空格為原文所有**），左手持白色鈴。頭髮結髻，三目，微少齧齒□□（**按：方框空格為原文所有**），身上並嚴飾衣絡。展右跪左，二手交抱金剛亥母（**裸女**），一面二臂，其身白色。右手向上，持白色鉤刀，左手抱吉祥形嚕葛之頸，及持滿盛五肉五藥甘露頭器。三目，微少齧齒，具喜悅容。披髮散垂。身上並無嚴飾衣絡。展開左足，右足翅於本尊吉祥形嚕葛股上。其共觀本尊足下無有烏麻（即指偃臥之裸女）怖畏及火焰，如是想已。其共觀佛作不二加行覺受大樂之時，吉祥形嚕葛口出訶訶大樂之聲。其金剛亥母口出兮兮大樂之聲。其訶訶兮兮大樂之聲，充滿十方佛土。爾時十方一切報身佛如空注雨，入於吉祥形嚕葛淨梵竅中。變成法身自性白菩提（即精液），充滿亥母花宮之內，充滿亥母一身。其法身自性白菩提心輾轉滿盛，流出二根相交之門，如空注雨。云云。玉戶花宮，皆言女陰也。的係妙對，工而有典。

雍和宮歡喜佛，余未之見也。北海白塔前有亭翼然，內貯獰惡之銅像。云是鎮海佛。外雖有披掛，內實裸裎。其勢翹然偉大，可迫而觀之。

曩有喇嘛偷一小銅佛售於人，余即購贈蓀猗。佛三頭二十四臂，面目獰醜。抱一少女，其陽半納金溝中。核袋下垂，筋骨僨張。不知胡為而鑄此，或為厭勝之意耳。仲謀贈余銅佛一，彼由科布多道出外蒙，遊於某寺，因藕（**按：「藕」字在此處似不通。待考**）而歸者，故其下無銅座。佛高三寸許，怒髮上沖，以骷髏為紮額，怒眉努目，張口若叱吒之狀。耳垂巨環，頸上繞瓔珞兩匝。兩臂左右微舉，腕有釧。兩乳隆起，腹便便。上裸下褌，赤足，踝以上亦有雙環。騎一裸女，女面目姣好，髮披肩背，散而下垂。兩手著地如驢馬然。女玉臀（**按：原文作「臂」，當為「臀」字之誤**）高聳，穀道內搐，若用力負重者。其陰墳起，兩唇微開。或曰此妖魔化美女以惑佛也，佛以法力降伏之。

畫春冊多出於豐潤溫州兩地婦女之手。臨窗渲染，雖路人竚足而觀，恬不知恥。少女亦能鉤勒之，然絕未見有佳作也。曩在盱眙王氏見有春冊十二頁，費曉樓手筆也。王之先人有字儀鄭者，嘗遊日本高麗，時以中國書畫相投贈，故其家猶藏有精品。筱盦表叔丹青妙手也，曾臨摹全帙。余曾倚〈醜奴兒令〉分題其上。詞附錄於後。或曰此詞妖豔直接董文友，蓋以詞妖目余矣，愧何敢當。

與郎長行郎無信，昨約違期。今罰圍棋，隱語調他意不知。瓊娘小負紅雙頰，玉子慵移。
玉臂微欹，錯怪蘭姨盡助伊。

逾（**按：原作諭**）垣小雍（**按：疑應作擁。不但按詞意，即按聲韻，也當作擁**）東鄰子，體態輕盈。骨骼娉婷，斜送餳眸似帶酲。喁喁不許聞私語，海誓山盟。日麗風清，蕉葉敲窗暗自驚。

玉梅花映溶溶月，輕轉蝤蠐。暗逗靈犀，猶恐相逢是夢迷。尾生畢竟（**按：原作意，不通**）多情種，鰈影橋西。鶼影樓西，挽手相將躡玉梯。

侯門一入深如海，黃遍新槐。綠滿新苔，捱過春光不見來。真能解事西村嫗，別具心裁。此物須猜，不退宮砂不結胎。

納涼初倦蘭湯冷，油碧紗櫥。紅玉肌膚，一榻橫陳楚簟鋪。蕭蕤偎著夫人竹，自有青奴，不許狂夫，做個生疎故試渠。

鴛鴦也傍池塘宿，真個魂銷（**按：原作鎖**）。儘把情撩，一曲巫山度玉簫。欲拈瓜果消煩暑，纖手忙搖。粉頰旋潮，禁忌全忘指濕綃。

融融春暖人如醉，親解珠襦。笑拊酥膚，卻羨羅敷竟有夫。紅蕤綠茀相偎倚，繡被平鋪。
錦舄輕除，頃刻描成秘戲圖。

冰肌玉膚清無汗，人更芳妍。情更纏綿，歡喜新參一味禪。偎郎午榻尋蘭夢，緊擁香肩。
落下花鈿，雲鬋鬅鬆態可憐。

牡丹開遍春光麗，節過清明。雨過新晴，偷覷新圖倚畫屏。輕搖屈戍郎潛到，睹面羞驚。
背面微惺，一幅生綃輩（**按：此字疑誤**）得成。

豔春圖出南朝手，倦看瑤裝。斜倚銀床，斷續薰爐小篆香。巫山雲雨荒唐甚，人映花光。
燭照紅妝，除卻溫柔不是鄉。

桃根桃葉雙雙玉，吹氣如蘭。秀色忘餐，小妹羞看鬥合歡。丁香舌吐嬌無限，梅意含酸。
蔗境回甘，情緒瞞他幸未諳。

牙籤玉軸排書案，且下珠簾。且門（**按：「門」字定誤，然不辨當作何字。**）香奩，詠絮才高勝撒（**按：原作撤**）鹽。鴛鴦瓦上梨花白，獸炭頻添。龍腦慵拈，閨閣催詩律更嚴。

今之藥房有售女子溺器者，或製以玻璃，或製以釉鐵。壺之口如荷葉，如蓮瓣，無不與陰戶吻合。因紀之以詞曰：七寶裝成，比錫奴差異，玉虎兼優。寒夜夢回，悄取入衾裯。褪繡袴香肌暗近，被郎瞥見應羞。智伯有恨，夜瀦（夜瀦溺器也，見《清異錄》）合伴淫籌。零鈴細聲堪聽，似水淋銀漏，雨瀉銅溝。偃月壺唇，他得接溫柔。卻只為房中弱水，借他腸肚稍留。小徑滌器，相如遜此風流。此調名〈金盞倒垂蓮〉，命意象形，亦堪發噱。

嘗於洋貨肆中見陳列匾形印花銅匣，標字條於上，則月經帶也，不禁忍俊。索而觀之，是以紙薄之皮所製，邊綴牛筋之繩伸縮自如。引之長尺許，寬約二寸。兩端緣橡皮，而結以線帶。此乙種也。其甲種類如短褌，有襠可解，襠之上可鋪棉絮，以承紅鉛。審匣上字，知為東方舶來品。當余取閱時，有二三婦女腆然來購，並爭價之低昂。歸而遐想，頗覺新奇。詞調有〈合歡帶〉，戲倚其聲，以紀所見。詞曰：蕭娘連日情慵，惱桃汛又相逢。暗地裁成丁字樣，向窗前尺布新縫。鋪勻香絮，花幡舉後，難護殘紅。繫纖腰，兜將胯下，有時恨緊嫌鬆。東瀛寶帶繡芙蓉，障紅潮，奪天工。玉燕投懷成幻影，可憎他癸水頻通。金圜約指，丹砂注面，洞口雲封。為今宵阿儂入月，牙床不肯與郎同。

[glyph]。篆書「也」字。《說文》曰：女陰也。象形。秦刻石「也」字悉作[glyph]，籀文[glyph]如此作亦象形也。《春在堂筆記》引《銅熨斗齋筆記》曰：今人讀為必平聲，殆篆文「也」字，與「必」相近而誤，云云。余檢《說文》，確為羊者切，然則古人謂女子陰竟讀作「也」字矣。今人有寫作從「尸」、「穴」者，《康熙字典》有此字。引《正字通》布非切音卑，釋作女子陰。《辭源》作筆漪切，比平聲。從無用及此字，故亦不考究竟（余撰有《二根異名錄》考證精詳）。最可笑者，今之電碼有八三一一，不知亦有人用之譯電否。

女子私處多異名。曰私，曰陰，曰牝戶（內腎一竅名玄關，外腎一竅名牝戶，見《祈嗣真詮》，不獨女子之陰名牝戶也），曰陰門，曰玉戶，曰花宮。《洗冤錄》則女子言陰戶，婦女言產門。道家講房中修煉之說者，則曰鼎，曰爐，曰玉門，曰丹穴。上為金溝，下為玉理。女人陰深一寸曰琴弦，五寸曰穀實，過實則死矣。陰內左右曰辟雍，陰外左右曰璿臺，如麥齒，如昆石，如嬰女，如赤珠，皆在其中，特有深淺之分耳（俗作屄。毴，亦古。明代有徐琲者，人於其刺多添一筆，上官謂其不雅）。

丹徒包夢華氏藏古錢一枚，徑寸六分，紫銅貨，方孔。陽有風花雪月四字，陰面作男女交歡狀，凡三種。孔之下鑄作薰爐一，孔之上，垂幕在鉤，一人裸立，陽具翹然，一人伏地若犬，以口接其陽。孔左搭衣於架，一人以四支據地，聳臀以就，一人立以兩手前抱其腹，陽觸於股，互相偎摩，若雞姦然。孔右一女仰臥於榻，展足向上，交於男背。男以兩手抱女頸，跪其兩股間，騎伏女肚上，狀頗狎褻。據云唐宮遊戲之製，用以厭勝者也。予借觀久之，因拓得一紙，遍徵題詠。鷗公題引首四字，曰「三陽開泰」，言其上下前後三開也。

余譜〈好事近〉三闋。詞曰：羅襪也遺香，況是開元舊製。佩得宜男泉布，定洗兒時賜。宮娥玩罷臉波紅，省識春滋味。惆悵白綃帳底，怨三郎多事。

其二曰：大體竟雙雙，秘戲勾人情破。空費六州金鐵，鑄風流罪過。春宮深鎖太無聊，相約階前簸。妮子偏談賭寢，向阿儂稱賀。其三曰：取去買春光，可買春光常住。試問金釵鈿合，今飄零何所。風花雪月未消殘，舊恨重頭數。留著人間駅勝，付和嶠收貯。

復代友人戲作數闕。〈如夢令〉曰：取得杖頭斜掛，偶過臨邛（按：原作卬）墟下。調笑酒家胡，今日何須求貫（按：「貫」字不押韻，有誤）。閒話閒話，風月原來無價。〈減蘭〉曰：錢刀足貴，消盡男兒真意氣。紫蝕青騰，應是春耕出泰陵。風花雪月，入手魂消工鏤絕，欸欸心腸，笑擲揚州夜度娘。〈臨江仙〉曰：莫道阮囊羞澀甚，買來風月無邊。揚州騎鶴愛腰纏，十千難下箸。馳射憶軒轅。不值一錢殊可惜，笑他榆莢輕圓。雙雙鳳子貯花鈿，多情還厭勝，有約誓彌堅。

楊蔚老題〈畫堂春〉詞曰：區區阿堵困英雄，幾人銅臭填胸。風花雪月一般同，色相成空。稽古猶存漢字，觀文豔說唐宮。河間姹女數偏工，萬選難逢。

咸伯內弟倚〈望江南〉詞曰：花月恨，如夢復如煙。妃子應留銀甲印，盧兒閑意水衡錢，消息兆團圓。

後於寒雲公子家復見一枚，與此錢正同。據云，方地山考為宋代蔡京所書，丙寅春京師名流題詠如林。余又借拓一紙，印製詞箋。有小娟女子用以抄詩，一時傳為豔談。

棻猗舊藏古錢一枚，不辨字幕。及剔刷久之方見其紋。上下左右皆男女交合之態。因憶吳穀人祭酒有題秘戲錢詞曰：長壽宜男，數吉語曾經萬選。誰更把陰陽巧鑄，雨雲重煉。誓約怕同烏鰂墨，迷藏不隔錢龍宴。只君心難買殿西頭，涼風換。男女式，何須判，歡娛會，何嫌短。但蟲卷蠖屈，天長地遠。色相難空阿堵物，畫圖又入菩提變。笑有情榆莢蝶團圓，尋常見。

余友謝君平生收羅裸體畫片，有三千頁之多。嘗以一箱自隨。所得金錢，輒以易此，樂此不疲也。又戴君，西醫也。曾見婦女之私處，皆以攝影術留其影，不下百餘片。雖方寸之地，人各有之，然一經放大，細察竟各自不同。余在鎮江旅館中，曾出以見眎。其第一幅即其如夫人下體。云係新浴後於藤榻上攝其影，亦不諱也。

歸化城寧武巷韓家，藏有瓷春冊四十片，每片寬長約尺許，各以黃綾夾套什襲之。余因王君介紹，出而觀之。乃拿破崙平生所御之女也。四十片女像無一相同，而拿氏由少而老，歷歷如見其生平。其刻畫直如今之裸體畫片。余又疑是以攝影術移其上者。韓甚為寶貴。聞關伯珩太史任塞北關監督時，擬以四千金易之，未許也。

《玉曆寶鈔》云，凡在陽世煉食紅鉛（處女月經）陰棗人胞，乃服紅鉛及婦人陰中之棗胞臍之類，豈不更壞人心？但食此等穢物，則口舌與婦人之陰戶無異，雖在世多般行善，若誦經咒，非獨無功，且有大罪，冥王斷難寬貸。凡聞此勸者，速宜戒之。否則宜付七殿泰山王，發交各種地獄，受諸般刑苦。既有此說，則世人定有行之者焉。

《傳》昭元年，晉侯有疾，是近女室。疾如蠱，淫生六疾。陰淫寒疾（注：寒過則為冷）；陽淫熱疾（注：熱過則喘渴）；風淫末疾（注：末，四支也，風為緩急）；雨淫腹疾（注：雨濕之氣為洩注）；晦淫惑疾（注：晦，夜也。為晏寢過節則心惑亂）；明淫心疾（注：明，晝也，思慮繁多心勞主疾）。女陽物而晦時淫，則生內熱惑蠱之疾（注：女常隨男，故言陽物。家道常在夜，故言晦時）。此說甚古，醫家應深研之。

《國策》韓二，宣太后召尚子曰：妾事先王也，先王以其髀加妾之身，妾困不支也；盡置身妾之上，而妾弗重也。何也？以其少有利焉。此等穢語，公然說與來使，一何可笑！

烝，上淫曰烝。《傳》桓十六年，衛宣公烝於夷姜，子淫父妾也。報，下淫上曰報。《傳》宣三年，鄭文公報鄭子之妃曰陳媯。漢律，淫季父之妻曰報。通，旁淫曰通。《傳》欒祁與其老周賓通。

姦，《說文》淫也。高麗用中國書，獨以姦為好字，好為姦字，見《正字通》。頗有深意。三女無不好，而子女無非姦，誠創聞也。姘，《倉頡篇》，男女私合曰姘。漢律與妻婢姦曰姘。婬，亦作淫，私逸也。《小爾雅》，男女不以禮交曰淫。男女淫奔，不能以禮化也。又植，水滸罵人「直娘賊」，應作植。

紅蝙蝠出隴州，雙伏紅蕉間。採者獲其一，則一不去。南人收為媚藥。見《北戶錄》。

姑媱山在帝臺東。帝女死化為瑤草，服之媚於人，見《山海經》。緬地有淫鳥，其精可助房中術。有得共淋於石者，以銅裹之如鈴，謂之「緬鈴」。見《粵滇雜記》。滇中又有緬鈴，大如龍眼，得熱氣則自動不休。緬甸男子嵌之於勢，以佐房中之術。見《談薈》。

凡驢駒初生未墮地，口中有一物如肉，名驢駒媚。婦人帶之能媚。見《池北偶談》。

花蕊元同女子陰，雌雄兩蕊各分明。勸君切莫人前看（亦作弄），草木寧無羞恥心。明人詩也。曩於癸丑夏見刊於《申報》。因雌雄花蕊，發見於朱明遺老，甚可怪也，故記於心版，不能忘也。

清人吳鎮《松花庵韻史》有云，易王建，淫且虐。人畜交，以為樂。按其理想，欲改造人種耳。《漢書》：江都易王非薨，子建嗣。宮人姬八子有過者，輒令羸立擊鼓。建欲令人與禽獸交而生子，強令宮人裸而四據，與羝羊及狗交。又膠西于王端為人賊戾，又陰痿，一近婦人，病數月。又廣川惠王越孫去有幸姬陶望卿，昭信后譖之，裸其身更擊之，令諸姬各持燒鐵共灼之。走自投井，昭信出之，椓杙其陰中。廣川王去數置酒令倡俳裸戲坐中以為樂。又戴王文莞，子海陽嗣，晝屋為男女裸交接，置酒請諸父姊妹仰視畫。海陽女弟為人妻，而使與幸臣姦。又荒侯市人病不能為人。注謂其無人道也。

《埤雅》云，鴿喜合。《月令》曰：虎始交。可謂妙對。牝牡媾合曰交，雌雄交接曰尾，陰陽交合曰媾（鴿性淫而易合，故名。凡鳥皆雄乘雌，此獨雌乘雄。仲冬虎始交，或云月暈乃交。又云虎不再交，孕七月而生）。

天地氤氳，萬物化醇，男女構精，萬物化生。如貓犬至微，將受妊也，其雌必狂呼而奔跳。以氤氳樂育之氣觸之，而不能自止也。世人種子，往往不察。《丹經》云，一月止有一日，一日止有一時，凡婦人一月行經一度，必有一日，氤氳之候，於一時辰間，氣蒸而熱，昏而悶，有欲交接不可忍之狀。此的候也。於此時順而施之，則成胎矣。其曰溫溫鉛鼎，光透簾幃，言其景象也。當其慾情濃動之時，子宮內有蓮花蕊者，不拘經淨幾日，自然挺生陰內，如蓮蕊初開。洗浴下體，以手探之自知也，但含羞不肯言耳。求子丈夫預密告之，令其自言，一舉即中矣。

昔高辛氏時，有房王作亂。帝乃召募天下有得房氏首者，賜金千斤，分賞美女。帝辛有犬，字曰盤瓠，其毛五色，常隨帝出入。其日忽（**按：原作忽**）失此犬，帝甚怪之。犬走投房王，王大悅，謂左右曰：「辛氏其喪乎？犬猶棄主投吾，吾必興也。」乃大張宴會，為犬作樂。其夜房王飲酒而臥，盤瓠咬王首而還。帝乃封盤瓠為曾（**按：疑應為「會」**）稽侯，美女五人。後生三男六女。其男當生之時，雖似人形，猶有犬尾。其後子孫昌益，是為犬戎。節錄《搜神記》。是雖神話，然可知犬與人交，亦能生子。

趙飛燕緣主家大人得入宮。及幸，飛燕瞑目牢握，涕交頤下，戰慄不迎帝。帝擁飛燕三夕不能接，略無譴意。宮中素幸者，從容問帝，帝曰：豐若有餘，柔若無骨，遷延謙畏，若遠若近，禮義人也。寧與汝曹脅肩者比耶？既幸，流丹浹席。先是，飛燕通鄰羽林射鳥者，嫕私語曰：射鳥者不近汝耶？飛燕曰：吾內視三日，肉肌盈實矣。帝體洪壯，創我甚焉。自此特幸後宮，號趙皇后。內視之道，飛燕何由而得之耶？

帝嘗早獵，觸雪得疾，陰緩弱不能壯發。每持昭儀足，不勝至慾，輒暴起。昭儀常轉側，帝不能長持其足。樊嫕謂昭儀曰：上餌方士大丹，求盛大不能得，得貴人足一持暢動比天。與貴妃大福，寧轉側俾帝就耶？昭儀曰：幸轉側不就，尚能留帝欲。亦如姊教帝持，則厭去矣，安能復動乎（《聊齋》言，口索舌，手索足，固吝之。即此道耶）。

帝病緩弱，大醫萬方不能救。求奇藥，嘗得慎恤膠遺昭儀，昭儀輒進帝一丸一幸。一夕昭儀醉，進七丸，帝昏夜擁昭儀居九成帳，笑吃吃不絕。抵明帝起御衣，陰精流輸不禁，有頃絕倒。裹衣視帝，餘精出湧，沾污被內，須臾帝崩。此則陽脫，世之用春藥者，往往如此。以上三則見《飛燕外傳》。

婦人隱處，其骨為羞秘骨。蓋女子從一而終，則骨白如璧（**按：原作壁**）。再醮一人，則有一點青痕。倘不自閑，閱一人則加一青點。若係娼妓，則青黑殆遍。或云此論亦不甚確。大概未生育者，其骨潔白，生育多則血氣耗，其色昏暗。又曰女子未行經骨白，行經後則血流散而骨黑矣。

凡男子作過太多，精氣耗盡，脫死於婦人身上者，真偽不可不察。真則陽不衰，偽者則痿。昔有人暱一婢而脫精者，殮時啟所蓋被，異香四發。此因服房藥多麝臍通透之品故也。夢中脫死者，男則陽不衰，女則陰必洩。屍俱有笑容。相傳婦人脫死，面作笑容，玉門不閉，有粉紅精外溢。柳子厚〈河間婦人傳〉所云，髓竭而死者也。世有五不女，曰：螺、紋、角、鼓、脈。螺者，牝內旋有物如螺；紋者，竅小即實女也；鼓者，無竅如鼓；角者，有物如角，即陰挺是也；脈者，一生經水不調，及崩帶之類。亦有五不男，曰：天、犍、漏、怯、變。體兼男女，俗名二形，《晉書》謂之人痾，有值男即女，值女即男者，有半月陰半月陽者，有可妻不可夫者，有上半夕為女，下半夕為男者，統名之曰變；有天閹無陽道者故曰天；犍者，陽勢閹去，寺人是也；漏者，精寒不固，常自遺洩也；怯者，舉而不強，或見敵不與也。是皆無生育之道也。惟天閹之人，陰纔如蠶，《靈樞經》所謂天宦者是。唇口不榮，故鬚不生，一望可知，非可以藥力為也。

處女時代，介乎大陰唇之間，有半閉之薄膜，或作圓形，或為半月，視其完裂，判其貞淫。故世俗於成婚之夕，多有驗紅送喜之舉。明韓萬鍾《性理三書》圖解有云，女母入房以酒果禮婿，以素布置婿袖中。按素布即喜帕也，豪富之家則用素絹，以試開門見喜。蓋女子初與人交，其膜必破，一滴紅鮮，關乎畢生榮譽。生理家以能保其貞，證其守，因名曰處女膜。粵俗，新嫁娘輿後，有一羊隨至乾宅。驗若無，即割羊之兩耳，任其流血號呼，送還母家，以鳴其女之不貞，俾路人恥之。閩俗則以一家，淨去其毛，置堂上，賓客開筵以待。驗而有即以女之紅塗於皮，烤餉親友，得者為之喜，食其肉焉。粵俗亦有送燒豬者。噫！俗亦陋矣。

夫處女未嫁而膜破血落，比比皆是。亦因有月經來潮後，淨身之時，偶為指觸，或每晚澡牝時，洗滌太過者，或升高失足，或登車乘馬；或因行經過猛，或因撲跌受傷，若貞淫之判由此，真冤死多少嬌娃矣。《洗冤錄》亦極駁其失。惟處女竅尖，婦人竅圓，此理顯明易證。

世之狂童十三四歲而峻作，容有故弄其陰，以傷真者。佛氏所謂以手出精，為非法淫。峻，赤子之精也，見老子《道德經》。峻，音雖，亦作朘，赤子陰也。《老子》云，未知牝牡之合而峻作，精之至也。

《漢書藝文志》房中八家，內有容成陰道，務成子陰道，堯舜陰道，湯盤庚陰道，天老雜子陰道，天一陰道諸書，皆房中術也。惜乎此書失傳。但有《素女經》、《素女方》、《玉房秘訣附玉房指要》、《洞玄子》四種。近世長沙葉德輝刊入《雙梅影盦叢書》而已。《漢書》冷壽光行容成公御婦人法，開後世獻春方，擅妙術，以媚帝王縉紳者，不知凡幾。倘（**按：原作尚**）此書公然刊佈，何致遺毒千載耶？

生理學名詞，女子陰部，統名之曰生殖器。其墳起之處為陰阜，傅以細毛，極形茂密。其下則為陰唇，生於廷孔外口之兩側，儼如門扇，以蔽陰戶者。其內則有小陰唇，紅鮮薄嫩，如花瓣自抱其蕊，而陰核適當其中。一般婦女皆如是也。余曩遊大同，則聞渾源州婦女有重門疊戶之說，初不甚信，繼念水仙有複瓣，牡丹有重臺者，安知造物者不能賦此異爐妙鼎耶？嬌雲，處子也，月娘，婦人也。窺其浴，薄而觀之，所謂大小陰唇皆肥大高厚，逾於尋常，宛然重瓣。洎交接時，愉快不可名狀。韓冬郎詩，異花何必更重臺，恰可移贊渾源婦女玉戶耳。

《控鶴監秘記》，唐人張垍纂。所記武媚荒淫，堪稱古之性史。余節錄其精華，亦有可觀焉。

太后幸薛懷義數年，懷義驕恣不法。馳馬南衙，為宰相蘇良嗣批頰。后聞而銜之。一日置酒上陽宮，從容謂千金公主曰：汝知朕左右無人乎，為此紆鬱，奈何？公主頓首曰：臣欲奏天皇久矣，天皇不言，臣何敢先言。今陛下既知小寶之罪，臣竊以為天皇是何等聖佛託身人間，廣選男妃，自應擇公卿舊家子弟，姿稟穠粹者，置床笫（**按：原作第**）間，足以遊養聖情，捐除煩慮。何事幸彼市井無賴之徒，為嫪毐（**按：原作毒**）曇獻故事，被千秋萬世擬秦胡兩后耶？后曰：微汝言，朕亦知之。近日宰相批懷義面，正欺其市井小人耳。若得公卿子弟通曉文墨者，南衙何敢辱之？言畢歎。公主曰：陛下勿歎。陛下知太宗時有鳳閣侍郎張九成乎？其從子昌宗，年近弱冠，玉貌雪膚，眉目如畫。其風采絕類巢刺王妃。后默然俯而未應。公主遽前跪，起附耳語曰：陛下毋（**按：原作母**）過慮。兒兼知昌宗下體矣。兒於凝碧池治莊，春花盛時，駙馬輒宴賓客，宴畢賜浴。浴時兒於玻璃屏窺之，群臣無有佳於昌宗者。昌宗通體雪豔，無微痕半瑕。瘦不露骨，豐不垂腴。其陰頭豐根削，未起時垂不甚長，渾脫如鵝卵，有窪稜高起五六分，鮮紅柔潤。語未畢，太后色和，謾曰：兒試耶？公主曰：兒非不涎之也，為后故，不敢。

然終不自信，故遣侍兒逼焉。回顧侍者曰：據實奏天皇，毋慚也。侍者跪起附耳如公主狀，奏曰：奴初遇昌宗時，似南海鮮荔支入口光嫩異常，稜張如繖。三四提後，花蕊盡開，神魂飛矣。昌宗遲速亦不自為主張，婉轉隨奴意。事畢後，紅玉頹然，奴觸之體猶噤也。太后大喜，指公主曰：兒誠解人。朕每聞世俗女子，但好壯健，不選溫柔，此村嫗淫耳。夫壯健遲久，可以藥力為也。海外慎恤膠朕宮中有石許，無所用之。男陰佳處，全在美滿柔和。懷義老奴筋勝於肉，徒事憨猛。當時雖愜，過後朕體覺違和。御醫沈南璆肉差勝，然上下如一，頭角蒙混，且皮弛，稍稍裹稜，非翹起不脫，故時覺不淨。如卿所言，乃全才也。公主出即命侍者召昌宗，衣以經稍（**按：疑應作綃**）霧縠之衣，冠以玉清雲仙之巾，浴蘭芳，含雞舌，入宮。后果大幸，薛沈輩不復召矣。當是時后春秋高，學修養法，常含昌宗陰而睡。昌宗陰頭豐肥，后口為之勞，終弗忍棄。后兒齒生，昌宗覺苦，乃薦易之。后口含易之，而以下體受昌宗，情尤酣豔。

上官婉兒以祖儀得罪，沒入掖廷。容貌瓌麗，兼工詞翰。天后愛之，使侍側治筆硯。后幸昌宗，不避婉兒，婉兒性黠，媚昌宗而遠之，后尤喜。然昌宗每溲，婉兒顧盼不能無情。天后命將作大匠於峽石為昌宗造園屋舍，皆黃金塗，白玉為階石，爇奇香，擁真珠帳幸昌宗。昌宗醉眠陰軟，后與為戲，拉莖上皮覆陰頭，頭稜高皮格格不上，俄而挺然，根雖拏健，而頭肉肥厚如綿毬成團，色若芙蓉，捻之類無精管者。后歎曰：使人之意也消。婉兒心動，裙下皆濕。不覺手近昌宗，后大怒，取金刀插其髻曰：汝敢近禁臠，罪當死。六郎為哀求始免。然額傷有痕，故於宮中常戴花鈿也。吏部侍郎崔湜以才貌年少私侍婉兒，婉兒有外舍，極亭臺之勝。召與宣淫，先通武三思，後通湜。湜問盧陵王、三思如何，曰：盧陵王稜角混蒙，韋皇后笑其食哀家梨不削皮，何能知味？三思故自佳，然亦嫌肉薄耳。問兩后選男何法，曰陰雖巨，以皮筋勝者不選。問何故，曰：人之一身，舌無皮故知味，踵皮厚故履地。女陰纖膜微蒙，天生男子之陰，亦去皮留膜，取極嫩處與之作合。又與稜角使之撊摩，幼而蕊含，長而茄脫，以柔抵柔，故有氤氳化醇之樂。否則拖皮帶穢，進退麻漠，如隔一重甲矣。天后幸男子畢，不許陰頭離宮。馮小寶雖壯盛，頭銳易離；六郎稜肥腦滿如鮮菌靈芝，雖宣洩而陰頭猶能填塞滿宮，久而不脫，故歡愛之情，有餘不盡。六郎侍寢，后雖衰，仙液猶透重衾也。湜曰：如昭容言，天下優劣豈猶男子然耶？湜少忝官階，為女子所悅，所遇豈無粲者。然下體亦正難言，往往有交無媾，木木然如瞽人投井，不知何往。爾時徒憊精神，少回味道。天下女子皆然。自蒙昭容恩接後，方知西子毛嬙所以專寵六宮者，必別有勝人處。昭容花心穠粹，湜一交接，覺陰頭觸嫩處，如醍醐灌頂，毛髮皆蘇。手按昭容後竅，翕翕然躍，便知將宣洩，不敢搖身。俟穀道躍定後，再候意旨。故常得昭容歡。湜亦蒙昭容湛露之恩，深含細吐，山澤氣交。次日上朝，不覺疲憊。想世間男子喜乾，女子好久，皆如乞丐食豬脂三斗，便道窮奢極慾，真初世人耳。昭容笑曰：卿言大快，然知音甚難。大抵男女交接，如匙之配鎖，各有所宜。聞劉妃陰有橫骨，非尖勁者不能入宮。卿陰頭柔嫩，若遇之不大苦卿耶？天后云，肉重則進佳，稜高則退佳，真解人語。方昵語間（**按：原作聞**），安樂公主擁駙馬武延秀至，頗有所聞。公主褫駙馬褌，手其陰誇曰：此如何（**按：疑應作「何如」**）崔郎耶？昭容曰：直似六郎，何止崔郎。此皆天后選婿之功，不可忘也。是夕酣飲，觀拔河之戲。次日為中宗生辰，至午始朝賀。

則天朝張薛並承辟陽之寵，左補闕朱敬則上疏切諫。中有陛下內寵已有薛懷義、張易之、昌宗，固應足矣。近聞尚食奉御柳模自言，子良賓潔白美鬚眉，左監門衛長史侯祥自云，陽道壯偉，過於薛懷義。專欲自進，堪充宸內供奉。無禮無義，溢於朝聽。云云。則天勞之曰：非卿直言，朕不知此。賜彩百段。見《舊唐書》。

漢律姅變不得侍祠。言女子月經至時多不潔，懼瀆鬼神也。王建詩云：密奏君王知入月，喚人相伴湔裙裾。可知古人對此污穢，亟欲祓除不祥耳。明季時珍《本草綱目》曰：女人入月，惡液腥穢，故君子遠之。為其不潔，能損陽生病也。煎膏治藥出痘持戒修煉性命者，皆忌之。以此也。

華清宮有蓮花湯。陳眉公《辟寒錄》云，池水冬夏常溫可浴。有楊妃月水二點，浸入石中，宛然如新。

《本草綱目》卷五十二內有云，今有方士邪術鼓弄愚人，以法取童女初行經水服食，謂之先天紅鉛。巧立名色，多方配合，謂《參同契》之精華，《悟真篇》之首經，皆此物也。愚人信之，吞咽穢滓，以為秘方，往往發出丹疹，殊可歎惡。蕭了真〈金丹詩〉云：一等旁門性好淫，強陽復去採他陰。口含天癸稱為藥，似恁沮洳枉費心。嗚（按：原作鳴）呼，愚人觀此可以悟矣。明代謝肇淛《五雜組》卷十一內云，醫家有取紅鉛之法。擇十三四歲童女美麗端莊者，一切病患殘疾，聲雄髮粗，及實女無經者俱不用。謹護起居，俟其天癸將至，以羅帛盛之，或以金銀為器，入磁盆內澄如硃砂色。用烏梅水及井水河水攪澄七度。曬（按：原作哂）乾合乳粉、辰砂、乳香、秋石等藥為末，或用雞子抱（孵），或用火煉，名紅鉛丸。專治五勞七傷，虛憊羸（按：原作羸）弱諸症云云。其結論曰：服此藥者，不為延年袪病之計，而藉為肆志縱慾之地，往往利未得而害隨之，不可勝數也。滁陽有聶道人專市紅鉛丸，盧州龔太守廷賓時多內寵，聞之甚喜，以百金購十丸，一月間盡服之。無何九竅流血而死，可不戒哉！《遵生八箋》內靈秘丹藥箋卷上，述取紅鉛法云，須擇十三四的美鼎，謹防五種破敗不用（陰戶上有橫骨曰羅；狐臭體氣曰紋；實女曰股；聲雄髮粗、皮膚粗糙無顏色者曰交；瘡疾病患殘疾曰脈），務選眉清目秀，齒白（**按：原作曰**）唇紅，肌膚細膩，三停相等，好鼎，算他生年月日起，約至五千四十八日之前後，先看兩腮如花，額上有光，身熱無喘。腰膝酸疼困倦，即時癸將降候。先備絹帛或用羊胞做成橐籥，或用金銀打成偃月器式，候他花開，即與繫合陰處。令他於椅凳上平坐，不可欹側。如覺有經，取下再換一付，多餘處用絹帛夾展再換。收入磁盆內，待經盡同製。古法五千四十八日，近有十三而至來有十六七而何也，皆因受父母氣血厚薄，難以期定。如得年月日應法，乃是真正至寶（**按：原作實**），為接命上品之藥。如前後不等，只得作首鉛。初次金鉛，二次紅鉛，三次以後皆屬後天紅鉛，只宜配合藥，不宜單服食。既明採取聽候制伏三腥五濁，必須仔細修煉，方成至寶。又云，取梅子時，先尋黃婆調理鼎器，不許喧嘩歌舞，恐傷真氣。不妄食五葷煎炒以致動火，有耗精血，皆難成也。如雞之抱卵，龍之養珠，勿搖勿動，朝夕謹慎此鼎。與取首鉛虎水不同，務要身形端正，氣血均平。於十三歲以上調理起，算他生年數至五千四十日，看他天應星，紅光滿面，地應潮，發火燒身，急以紙入陰戶探看。如得黃水，癸將動矣。癸水一至，急取橐籥，內看癸中如有一點粉紅色之結硬者，即是梅子。忙將硃砂末穿衣置於金銀器盒內貯，勿令洩氣，不然化作黃水矣。如癸水中尋覓不見，令彼黃婆看彼花叢內有血絲纏裹，以中指挑斷，擇取出來，同前穿衣，至第二日清晨用乳香煎湯服之。又，梅子另有兩種取法。一，癸將至時，急將寶珠丹與鼎服之極久，命鼎騎坐空穴橐籥與托住虎穴，額上輕拍數掌，其藥即下；二，命黃婆以中指撥開花叢，見一紅星如櫻桃者即是紅梅，急以星劍摘取下來。

秦莊襄王既薨，太子政代立，是為始皇。尊呂不韋（**按：原作葦**）為國相，號稱仲父。王年少，太后時時竊私通呂不韋。洎始皇益壯，太后淫不止，不韋恐，覺禍及己（**按：原作已**）。乃私求大陰人嫪毒以為舍人。時縱倡樂使毒以其陰關桐輪而行，令太后聞之，以啗太后。太后聞，果欲私得之。呂不韋乃進嫪毒，詐令人以腐罪告之。不韋又陰謂太后曰：可事詐腐，則得給事中。太后乃陰厚賜主腐者吏，詐腐之。拔其鬚眉為宦者，隨得侍太后。太后私與通，絕愛之。有身，太后恐人知之，詐卜當避，時徙宮居雍。

南唐李（**按：原作季**）後主后周氏病，其妹入宮候疾，因與後主通。史稱小周后者是也。當其潛通時，有「菩薩蠻」詞云：花明月暗籠輕霧，今宵好向郎邊去。剗襪步香階，手提金縷鞋。畫堂深畔見，一晌偎人顫。奴（**按：原作好**）為出來難，教人恣意憐。

秦少游〈河傳〉詞云：恨眉醉眼，甚輕輕覷著，神魂迷亂。常記那回，小曲闌干西畔。鬢雲鬆，羅襪剗。丁香笑吐嬌無限，語軟聲低，道我何曾慣。雲雨未諧，早被東風吹散，瘦殺人天不（**按：原作下，不通，故徑改**）管。

陳迦陵詞〈菩薩蠻・潛窺〉云：梨花簌簌飛紅雪，狸奴夜僕氍毹月。物也解雄雌，教奴恣意窺。潛蹤殊未慣，猛被蕭郎看。羞走暈紅潮，門邊落翠翹。〈秘戲〉云：桃笙小擁樓東玉，紅蕤濃韘春鬟綠。寶篆鎮垂垂，珊瑚鉤響時。花陰搖屈戌，小妹潛偷覷，故意繡屏中，剔他銀燭紅。〈醉春風・豔情〉云：月暗蘭釭（**按：原作缸**）冥，風細花陰冷。紫茸帳底拍蕭娘，醒醒醒，良夜難逢，幽歡可惜，休教酩酊。活火初烹茗，寶篆猶生鼎。紅粧枕畔語檀郎，等等等，城上人行，籠中鳥喚，如何便肯。

房事亦稱陽道。《禮》注，凡人年六十無妻者不復娶，以陽道絕也。

男之下體曰陽。顧況詩：乃絕其陽。曰勢，《晉書》：盜淫者割其勢。曰陰，《史記》：呂不韋私求大陰人嫪毐為舍人。曰私，《飛燕外傳》：早有私病，不近婦人。曰㞗，《四聲猿》傳奇：驢㞗朝東馬㞗朝西，丞相㞗子朝南葉家㞗子朝北。曰屌，《正字通》：男子陰也。此為方俗語。餘詳余所著《二根異名錄》，茲不贅。

秦人賴君言，曩因漢中某邑（記者忘其名，疑是略陽）變賣官產，激成民變，賴奉命查勘。蓋邑有二山，相距十餘里。新城居山，防水患也。舊城臨水，便貿易也。凡居瀕水者，必置家新城。雖屋宇櫛比，而人煙絕稀。洎共和既成，關中多故，餉糈告乏，乃貿然指新城為官產而清理之。人民誓死爭，久不決。賴抵邑，詢父老其故，曰：邑有二山，巍然對峙，一曰仙童，一曰妙女。妙女山五年一發水，夾流紅砂，如桃花癸水，無愆期也，然不為患。二十年兩山皆發洪，汪洋一片，舊城遂浸入淫水中。先期人皆徙於山，水退復歸，習俗使然。今官府不察，以新城荒廢而鬻之，水之時吾人其為魚鱉（**按：原作鼇**）乎。賴遂命駕親勘二山，果如故老言。山形頗具男女之狀，不但四肢軀體，宛然可分，妙女山即乳峰（**按：原作蜂**）陰阜皆備。細草春香，小洞幽邃，涓涓流水，日汩汩（**按：原作汨汨**）而出。五年一經汛，二十年一交合。合則兩山之水皆匯作五七日之氾濫。惟交合以時，不為民害。心焉異之，證之多人。按其志乘，遂呈覆了案。天若有情天亦老，今而後知山水亦有情也。噫，異矣。

盱眙有美女山，宛具人形。支巒蔓壑，如兩腿平開。中有一泉，實為陰道。邑之士女飲此水者，淫亂性成。昔有縣令素精勘輿，以石杵塞其竇，滿城婦女腹膨脝不能小遺者三日。環請於令，鑿（**按：原作鑒**）之始安。或云大同城外亦有山類如此。清泉一股，直貫城內。丹徒周石君為雲中守時，以丸泥封之，別無汲水處，闔邑大噪。復啟其封。是地淫風最熾，講輿地者皆云此水之故也。武則天陵墓在乾州，俗名阿婆墳。山形如一裸婦偃臥，墳當山之臍。試登某山之峰，俯而視之，若美人橫陳，惟妙惟肖。石穴如陰，深不知底。行人爭投石其中，浪詞褻語，徘笑萬端。淫亂之人，千秋遺臭。余亦聞諸賴君云。

揚州自古稱繁勝地，明月二分，春風十里。而煙花三月，更膾炙於詩人之口。板橋詩，千家養女先教曲，十里栽花當種田。其風流豔冶，更可想見。故老相傳，西北郊婦女淫風甚競。今之船娘歌妓胥出其間。府城之北曰鎮淮，城闉中有石塚女陰一具，嵌於女牆腳，距地約二尺許。其大如盆，細草茸茸掩覆其上，陰唇微張，豐滿而無孔。行人過此，皆就溺焉。余曾親睹其狀。聞南門橋下有石雕陽具一，偉岸翹舉，荇藻纏根上，半隱水底。恒有一龜踞頂曝背。兩門適相對，或云取以厭勝，俾殺淫風。謂為鎮風水之說，於理差近。不然胡為琢此陰陽醜物耶。然則羅馬人家屋上皆塑陽物，亦不足為異也。

南漢後主劉鋹，得波斯女，年破瓜，黑腯而慧。絕善淫，曲盡其妙。鋹嬖之，賜號媚豬。延方士求健陽法，又擇新採異與媚豬對。選惡少配以雛宮人，使裸衣露偶，鋹與媚豬延行攬玩。號曰大體雙。鳥獸見之熟，亦作合。鳥獸效人抑人效鳥獸歟？可謂荒淫之尤者。

唐明皇正寵妃子不視朝政。安祿山初承聖眷，因進助情花香百粒，大小如粳米而色紅。每當寢處之際，則含香一粒，助情發興，筋力不倦。帝秘之曰：此亦漢之慎恤膠也。

周郎中裴珪妻趙氏有美色，曾就張璟藏卜年命。璟藏曰：夫人目長而慢，准相書豬視者淫。婦人目有四白，五夫守宅。後與盧崇道姦，終以姦廢。

唐宣城公主駙馬裴巽有外寵一人。公主遣（**按：原作遺**）人執之，截其耳鼻，剝其陰皮，附駙馬面，並截其髮，集僚屬共觀之。以上二則錄《耳目記》。

《瀟湘錄》云，杜修己者，趙人也。善醫。其妻即趙州富人薛斌之女也。性淫佚。修己家養一白犬，甚愛之，每與珍饌（**按：原作撰**）。食後修己出，其犬突入室內，欲齧薛氏，似有姦私之心。薛因怪而問之曰：爾欲私我耶？若然則勿齧我。犬即搖尾登其床。薛因懼而私焉。其犬略不異於人。爾後修己出必姦淫無度，修己知，怒欲殺之。犬走出，並出其妻。後歸薛斌半年，犬入斌家，口銜薛氏髻而背負之出，直入恒山。經年孕生一男，雖形貌如人，而遍身有白毛。又一年犬忽死，乃抱子入冀州乞食。子稟犬之氣而生，無人心，好殺，卒為盜魁。

《迷樓記》略云，煬（**按：原作灯**）帝幸江都，作迷樓。溺女色，選良家子數千充後宮。於是大夫何稠進御童女車。車之制度絕小，祗容一人。有機處於其中，以機礙女之手足，女纖毫不能動。帝以處女試之，極喜，以千金贈之，旌其巧也。嗣又作轉關車，車中御女則自動搖，因賜名「任意車」。帝復令畫工繪士女會合之圖數十幅懸閣中。其年上官時自江外得烏銅屏數十面，高五尺，闊三尺，磨以成鑒。帝納屏迷樓，環於寢室而御女其間，纖毫皆入鑒中。帝大喜曰：繪畫得其象耳，此得人之真容也，勝繪畫萬倍矣。大業八年方士進大丹，帝服之蕩思愈不可制，日夕御女數十人。入夏，帝煩躁，日引飲數百杯，而渴不止。諸院美人各市冰為盤以望幸。帝心脈煩盛，真元太虛，故煩渴不已也。煬（**按：原作陽**）帝銅屏，高宗鏡殿，可謂無獨（**按：原作濁**）有偶。

《漁磯漫鈔（**按：原作砂。作為書名，想應作鈔**）》云，滇南有樹，名「鵲不停」者，枳棘槎枒，群鳥皆避去不敢下，惟鴞之交也則棲止而萃其上，精溢於樹，乃生瘤。土人斷瘤成丸鳥卵，近人肌膚輒自跳躍，就私處益習習然。相傳閨闥密用，然極難得也。《簪雲樓雜說》亦同此說。或謂「鵲不停」即緬鈴，一名太極丸。鴞應作鵰。

藤津偽器，房中淫具也。古名觸器，厥狀殊醜，無異陰莖。用時先置盎中（**按：原作盎盎中。顯然衍一盎字**）以熱湯浸之使軟。稜高頭肥，長約六寸許。下端有孔，穿以線帶，帶繫於踝上，然後仰臥，雙手抱膝，繫帶之腿微翹，足根當陰，納器玉戶中，疾徐伸縮，盡興而為，不啻交媾時也。故嫠婦女尼恒喜試之，既可保全名節，且能怡情遣興。人之大欲，情何能免。一經潛試，緣以成癖。旦旦而伐之，於是花容憔悴矣。大悲君曾戲作角招八律，因俗呼觸器為「角先生」也。體物入微，詼諧絕妙。詞曰：

紅葉何心入御溝，御溝春水易成秋。截將鳳琯難為弄，濕透鸞巾強自揉。一曲郎當愁雨夜，三分君寵替風流。帳中幸有神針在，直合長門誓白頭。（宮女）

悔削青絲事梵王，更無禪悅證謠（**按：疑應作瑤**）光。木魚敲誤羞難掩，芻鵲飛來喜欲狂。背佛偷憐殘蠟短，瞞師潛納戒衣香。累君也向空門隱，了此風流夢一場。（女尼）

拔棘無人逐子都，角星幽拜雨雲孤。自翻玉樹飛花曲，私演瓊樓搗藥圖。畢竟癡龍珍尺木，可憐狡兔戀枯株。美他繡被能專寵，亡國風流幾大夫。（像姑）

為郎憔悴卻羞郎，省識春風別樣狂。邱嫂眼尖佯不管，小姑情渴欲教嘗。解嘲終勝貓偷飯，匿笑真成鼠運薑。待到月圓心轉苦，守宮紅褪怯花房。（養媳）

春風秋月興都闌（**按：原作蘭**），獨向空房種合歡。得汝翻教充面首，閱人從未託心肝。纏頭錦舊牽腸痛，裏（**按：疑應作裹**）夢衾寒觸手難。雁柱不堪嗚（**按：原作鳴**）咽奏，斷雲

零雨小長干。（老妓）

隔著銀河鵲夢溫，摽梅情苦怨天孫。催花聲急羞桴點，剖璞心虛怯鑿痕。無可奈何權作嫁，不成真個也消魂。生愁阿母投梭起，夜夜蘭閨獨掩門。（處子）

便欲留髡可奈何，槎通碧海絕情波。丸泥已足封函谷，鳥（**按：疑應作烏**）角居然老澗阿。鑽穴偷窺渾不似，渡瀘深入恐無多。石門若個能偕隱，難得先生幾度過。（石女）

混沌初開太極圖，雌雄端底不知烏（**按：原作鳥**）。鑽營翻笑奇男子，捭闔終憐小丈夫。之子難賡桃實有，半兒能譜竹簫無。一身嬰姹分明合，榾柮空燒煉藥（**按：原作樂**）爐。（陰陽人）

唐舒州刺史張懷肅，左司郎中任正名李揀之，好服人精。明駙馬都尉趙輝，喜食女人陰津月水。

猺俗夫婦不同宿，擇晴晝入山僻處，盡一日之樂。插松枝於路口，曰插青。人無敢繼入者。其交也，衡弩裸體，遺精草莽，嵐蒸瘴結，是生短狐。

男女私奔曰野合。《天祿識餘》云，女子七七四十九而陰絕，男子八八六十四而陽絕。過此為婚，則為野合。此說與《史記索隱》相近。《史記》叔梁紇與顏氏女野合而生孔子。《索隱》云，紇老而徵在少，非當壯室初笄之禮，故云。余按，禱於尼山，未非交合於野而孕耳。

《兩般秋雨盦隨筆》云，一身而具二形者，俗呼陰陽人。《晉》〈五行志〉謂之人痾，《遺教經》謂之半變，佛書謂之博叉牟釋迦。

《茶餘客話》云，徐陵與周宏讓書，歸來天目，得肆閒居。差有弄玉之俱仙，非無孟光之偕隱。優遊俯仰，極素女之經文；升降盈虛，盡軒皇之圖勢。《漢書》：夫妻不嚴，茲謂之媟。此之謂也。

邊讓〈章華臺賦〉：歸乎生風之廣廈兮，修黃軒之要道。攜西子之弱腕，援毛嬙之素肘。注云，黃帝軒轅氏得房中之術於素女，握固吸氣，還精補腦，留年益齡，長年忘老。張平子詩：明燈巾粉卸，設圖衾枕張。素女為我師，天老教羲皇。即黃帝問道於素女也。

漢成帝畫紂踞妲己而坐，熙陵強幸小周后圖，皆春宵秘戲圖之藍本也。唐寅仇英畫手特工。近日推大同馬相舜字聖治，太倉王式字無倪，歙縣羅龍字錫三。其他粗豔不足觀矣。

山東莒縣大店鎮後有小河，南岸曰淵子崖。土人於河北掘土得二器，一盤一鼎。盤為鑿金所製。蓋鈕作男女各一，均身無寸縷。男半跪負手，勢翹然。女兩手捧腹，下部之櫻唇略啟。是器曾為雙玉鈢齋主人刊入金石圖錄，鄒適盧定為周制。後人發漢塚，鑿墓磚，皆作男女交狀，且有及男色者。又畫於車鳌殼上者。揚州秦氏曾於甘泉山琉璃井發見殘石兩方。女仰臥，男跪女兩股間，以肩擎女腳。手抱女項，玉莖深入，股相貼也。一男平臥，女跪騎男腹上，身欹向前，兩手據地，俯首自視下部。男之首足雖殘闕不完，可以意會。最奇者女皆纖足，特不若後世之弓彎耳。按中殿刻石考為漢劉厲王遺物，此亦發見於其（**按：「其」後疑脫一「中」或「內」字**）也，想亦漢代秘戲圖也。不然即煬帝離宮壁間物。因此地距雷塘只廿（**按：原作甘**）餘里，曩有人亦於此地得宇文化及之鐵槍焉。

武林土橋王林巡檢司之書役也，其妻病怯癆三年，醫藥罔效，及陰邪之症。初不知名，後移室，褥上有毛數根，長半寸許，知為狐跡。人交陽交也，狐交舌交也。次日其夫少製毒藥，無聞六耳，塗於病者下（**按：原作不**）體四圍。狐交，果中其毒而斃。乃玄狐，間生白毛。病漸愈。

浙湖戴氏女年五歲，胎生雙陰，溺從上出，下戶亦流。長大行經生子如故。以上竅為正。《楞嚴》五種不男不女，即此類也。

蘭溪婦孫氏平生無經。經者常也，候者候一月之陰陽也，若潮候應乎時天真氣與流通，所以女子二七天癸至，月水如期。凡女人受孕經止者，平日所生氣血以養體，積而為經。血熱則經早，血少則經遲，血盛則七七外仍經，血衰則五七外經止。受孕所生氣血以養胎，胎生血上為乳，乳止血下為經。玄門采真返經為乳兩說，則經乳一耳。經本於腎，旺於沖任二脈，沖為血海，任為胞胎。此婦無經者，乃沖任血海與人稟賦不同。任脈與人同，故生子能乳則一樣。《素問》曰：人之心偏則作事不定，人之下眼眶窄則膽小。五臟各有稟賦外以候此理推明矣。

張君題春宵秘戲圖云，絹本春宵秘戲圖卷，戊午七夕獲於太原王氏，乃周昉景元所畫。鷗波亭主所藏。或云天后，或云太真妃，疑不能明也。傳聞啄畫婦女多為豐肌秀骨，不作纖纖娉婷之形。今圖中所貌目波澄鮮，眉撫連卷，朱唇皓齒，修耳懸鼻。輔靨頤頷位置勻適，且肌理膩潔，築脂刻玉。陰溝渥丹，火齊（**按：原作齋**）欲吐，抑何態穠意遠也。及考粧束服飾，男子則遠遊冠，絲革靴，而具帝王之像，女婦則望仙髻凌波褥，而備后妃之容。姬侍則翠翹束帶壓方履，而有宮禁氣象。種種點綴，沉著古雅，非唐世莫有矣。夫秘戲之稱，不知始於何代。自太史公撰列傳，周仁以得幸景帝入臥內於後宮秘戲，而仁常在旁。杜子美製宮詞，亦有「宮中行樂秘，料得少人知」之句，則秘戲名目其來已久，而非始於近世耳。按前之圖秘戲也，例寫男女二人相偎倚作私褻狀止矣。然有不露陰道者，如景元創立新圖，以一男御一女，兩小鬟扶持之。一侍姬當前，力抵御女之坐具，而又一侍姬尾其後，手推男背以就之。五女一男嬲戲不休，是誠古來圖畫所未有者耶。吁，亦異矣。不腆博求唐宋畫跡，所遇人物山水花禽竹石歷數不下百幅，至秘戲等圖，得見景元真筆，何其幸者。越五日實米軒裝，清河牛郎記。

胡麻必夫婦同種方茂盛；下芫荽種須設穢語。孰謂草木無情無識（**按：原作織**）哉。

山陰公主，宋武帝女，廢帝妹也。通何戢。何戢少美麗，動止與褚淵相慕。公主性淫亂，廢帝愛之，時與同輦出入。主謂上曰：妾雖不才，與陛下俱託體先帝。陛下六宮萬數，而妾惟駙馬一人，何太不均？帝為置面首三十人，褚淵亦與焉。主尤慕愛之，閉一閣中，備見逼迫。淵不從，主曰：公鬚眉如戟，何無丈夫氣？淵以死自誓，乃得免。

女子陰部內經謂之廷孔。孔之上陰阜墳起，陰毛叢生，非徒為裸露時之美觀，實於交合時增（**按：原作贈**）無限之愉快。因互相摩擦而陰陽電生也。毛生之時率在十三四歲，亦有遲至二十左右者。竟有終其身而無毛者，俗謂之白虎。又美其名曰一塊玉。此皆一毛不拔者也。其稀少者俗謂之三支箭。世俗相傳謂男子無陰毛者曰青龍，倘無意中青龍而耦白虎，大吉大利。偶值三支箭則大不利，不有家敗人亡之禍不止也。相書云，陰毛多者淫賁，無毛者淫賤；毛過穀道者不賤；陰毛過膝者貴；紅黃者賤；直者賤，勾者貴；亂生者賤，順生者貴。欲察陰陽二道，男觀其鼻，女觀其口。又下陰相詩曰：「僻處毛多性最淫，無毛卻也沒胸襟。不多不少稱奇物，一片玲瓏錦繡心。」「陰上無毛臀股高，性多淫亂好喧嘈。不為婢女供驅使，也應貧窮傍富豪。」昔漢高祖后呂雉陰毛長一尺八寸，根根黃如金色，卷於陰上。用手扯開過膝，放手復卷。名為金線纏陰，故主極品，亦主多淫。若直若長若黑，乃姦殺之婦，雖貴不久。凡陰毛宜黃宜軟，亦成貴人。如草者賤，硬者亦賤。生早者夭（**按：疑應作夭**），生遲者淫。三七以內方妙。俱詳載相書。曩者余往秦郵，過車邏鎮，聞野老云，光緒中葉有秀才過此，見村姑就地小遺，毛長委地，以手自捋之，納於褌中。秀才好奇，納為小星。明年大婦死，由□室（**按：□原為空格，據意當作「側」**）而即真。秀才遂聯捷成翰林，歷任封圻，敭歷中外。說者皆歸功車邏村姑陰毛主貴也。余曩遊古豐州，閒步郊外，與仲謀從崖下過，偶一舉首，見少婦方踞巔野溺，珠濺泉流，私處了了可見，陰毛銀白。不覺共詫奇異。婦見人羞而驚走。仲謀曰：此婦頗有狐意。歸而說與多人，僉云不但見所未見，並且聞所未聞。又，病後交接，卵腫莖縮入腹，絞（**按：原作紋**）痛欲死，取婦人陰毛燒灰以洗陰水飲之。見《聖濟總錄》。橫生逆產用本夫陰毛二七莖，燒研豬膏和丸吞之。見《千金方》。不圖陰毛且能治疾。

赤眉發掘諸陵，取寶貨，污辱呂后。凡有玉匣者皆如生，故赤眉多行淫穢。見《後漢書》。姦呂后尸者為樊崇。因尸浸水銀中，不易朽壞也。又靈帝時盜賊發塚，馮夫人亡七十餘年，顏色如故，但小冷。共姦通之，至鬥爭相殺。見《列異傳》。陳公達議以貴人雖是先帝所幸，尸體穢污，以致不能配食。不知逆賊姦尸，有何樂趣？或藉以洩憤耳。

有士與狐女狎。士久無子，嘗戲問能為我誕育否？曰是不可知也（立春日雨水，夫婦各飲水一杯，還房即有孕。見《貯香小品》）。夫胎者兩精相搏，翕合而成者也。媾合之際，陽精至而陰精不至，陰精至而陽精不至，皆不能成。皆至矣，時有先後，則先至者氣散不攝，亦不能成。不先不後，兩精並至，陽先衝而陰包之，則陽居中為主而成男；陰先衝而陽包之，則陰居中為主而成女。此化生自然之妙，非人力所能為。故有一合即成者，有千百合而終不成者。故曰不可知也。問孿生何也？曰兩氣並盛，遇而相衝。正衝則岐而二，偏衝則其一陽多而陰少，陽即包陰；其一陰多而陽少，陰即包陽。故二男二女者多，亦或一男一女也。問精必歡暢而後至，幼女新婚畏縮不暇，乃有一合而成者，陰精何以至耶？曰燕爾之際，兩心相悅（**按：原作稅**），或先難而後易，或貌瘁而神怡。其情既洽，其精亦至，故亦偶一遇之也。問既由精合，必成於月信落紅以後何也？曰精如穀種，血如土膏，舊血敗氣，新血生氣。乘生氣乃可養胎也。見紀文達筆記。此理博，託之狐言，正恐腐儒誚其猥褻耳。

寧夏布商何某，年少美丰姿。貲累千金，亦不甚吝，而不喜為北里遊。惟畜牝豕十餘。飼極肥，濯極潔，日閉門而逕淫之。豕亦相摩相倚，如昵其雄。僕隸恒竊窺之，何弗覺也。忽其友乘醉戲詰，乃愧而投井死。紀文達有詩曰：石破天驚事有無，後來好色勝登徒。何郎甘為風情死，纔信劉郎愛媚豬。即詠是事。

「探春」（一作探窯）者（是春亦名春風八詠，丹徒葉玉森紅漁所作）剪爪，是以指代陽，揉其廷孔，用博婦女之歡情也。紅漁有〈是春八詠〉，其一云：指頭禪悅證華鬘，唱到探窯菊部班。何必寢床喬弄瓦，居然帶甲暗偷關。不毛得地羞難掩，著手成春句忍刪。莫更戲言桃又浪（一作汎），再休妄語石為頑。

澆燭者，男臥於下，女伏於上，陰陽易位而倒交之。燭以象形也。是春詩云：銀樣新翻素女圖，留髡輕解繡羅襦，替人莫漫垂清淚，灌頂居然乞醍醐。火鳳倒飛燒赤壁，燭（一作雌）龍銜焰（一作照）入玄都。上頭夫婿嬌難撒，只合今生署燭奴。

添（**按：疑應作舔**）鐺，舐盤者。全憑三寸舌，捲入兩重皮也（正如驢舐磨盤，思得糠覈）。亦曰嘗春。是春詩云：絕妙天然兩足鐺，個中滋味耐人嘗。依卿作犬成仙易，呼我為貓餂粥香。三寸舌尖教子細，一低頭處笑郎當。吮癰舐痔尋常耳（一作事），何似淮陰胯下王。

磨鏡者，兩女情不自禁，遂以陰阜互相摩擦。是春詩云：恰對菱花可奈何，美人雙夢抱雲和。隔牆翻笑誰家體（一作聽），非杵偏教子夜磨。一度春風梳髻罷，二分明月入懷多。小姑居處宮如蠏，顧影相憐手更（一作共）搓。

刮鍋者，男女交媾（**按：原作姤**）已畢，復有一男繼其事。因個中不潔，若待刮洗也。是春詩云：此身甘襲戛羹侯，不著先鞭未肯休。前度銷金人已去，後來轢（**按：疑應作鑠**）釜嫂應羞。只求灶下稱廝養，卻（一作偏）讓東方作上頭。我自呼名同小鳥，得風流處且風流。

品簫者，女以口受陽。或以唇裹其（**按：二字原作裏甘，明顯不通**）稜角，或以舌舐其馬眼，其趣勝於交合也。是春詩曰：上口原難慢度腔，秦臺蕭史屬檀郎。玉人嫋嫋誰教曲，君子陽陽自執簧。卿意云何評竹肉，我聞如是叶宮商。嗚嗚（**按：二字疑應作嗚嗚**）月底修簫（一作空修）譜，嫠婦孤舟欲斷腸。

代壚，當壚者。舍其前而用其後。惟女子之壇三開者能之。是春詩曰：癡情方寸已如焚，話到當壚敢怨君。嫁與漁童煎太急，婿為犬子辱何云。牝虛浪擲金條脫，調轉空翻白練裙。只是麗華憔悴（**按：二字原作蕉萃**）損，後庭一曲忍重聞。

問鼎一首，其意難明。是春詩曰：居然問鼎引春秋，此恥都難雪左邱。指染一臠忘犯禁（羞鼈小）（**按：鼈疑應作鼈**），勢分三足笑紆籌（臥龍愁）。聞聲誤會王孫滿，撫背應呼孺子牛。莫怪調梅心事苦，紅氍毹上太（一作足）風流。

倪元鎮於女色少所當意。一日戀金陵趙歌姬，留宿別業。心疑不潔，使之浴。既登榻，以手自頂至踵，且捫且嗅。捫至陰戶，復使浴。凡再四，東方已白，不復作巫山之夢矣。姬大恚恨。

南北史北涼沮渠氏傳，劉賓沙門曇無懺束入鄯善，自云能使鬼療病，令婦人多子。與鄯善王妹曼頭陀林淫通。發覺，亡奔涼州，蒙遜寵之，號曰聖人。曇無懺以男女交接術教婦女，蒙遜諸女子婦皆往受法。又沮渠牧健淫嫂李氏，兄弟三人傳嬖之。

梁蕭譽惡見婦人。雖相去數步，亦云遙聞其臭。經御婦人之衣更不著，並皆棄之。一幸姬媵（**按：原作膝**），病臥累旬。

稽胡俗好淫，女尤甚。將嫁之夕，方與淫者敘離。夫氏聞之，以多為貴。雍州雕陰三郡，女淫而婦貞。

匈奴單于二女下臺為狼妻而產子，後遂滋繁。是為高車國。突厥之先，匈奴別種也，為鄰國破滅。有一兒刖足斷臂，棄草澤中。及長與牝狼交，遂有孕，生十子。勿吉國俗，初婚之夕，男就女家，執女乳而妒罷。按，《魏書》作執女乳而罷，便以為定。

有人於夜中似與人交媾，天明即去，而門戶不開，毫無影響。是為鬼物所淫。或於風雷雨雹時，居於房中，忽有所感，牝戶中如受陽氣一般，是為龍氣所感。或於河邊洗衣汲水，或被水沖著下體，或被水濺濕小衣，或水中忽見人形，牝戶中如有冷氣沖入，是為水族所淫。或於酷暑時赤身露臥，為一切精魅所淫。或於河中捧飲水沫水球，樹上摘食奇花異果，一入口腹，迥異尋常水果之味者，是為誤食淫精。或於露天仰吞流星虹氣電火冰雹等物，是為口吞神氣而感。或於野地中小解，忽似一股蒸熱之氣透入子宮，是為誤觸精氣。或於夢中與男子交媾而得真感者，是為夢中交感。或與相好婦女頑戲作男女交合狀，受彼婦牝戶中遺存之餘精，是為轉受遺精。或因與壯盛男童同用溺器，彼腎中真陽蒸入子宮，是為感受純陽。以上一切皆能成孕，無夫而子不外此數端。天地之大，有常有變。父精母血所成，是謂之常，以上數端皆為之變。無夫而孕所生必畸形怪狀，或妖戾乖張之輩也。取《野叟曝言》中之大意而錄存之。

昔方望溪先生有弟某，年逾商瞿，戚戚然以無子為慮。先生笑曰：汝能學禽獸，則有子矣。先生素方嚴，忽作謾語，其人愕然問故。先生曰：男女構精，萬物化生，此處有人欲而無天理。今之人年過四十，往往當交媾（**按：原作構**）時，便有祖宗綿血食之意，將天理攙入人欲中，不特欲心不熾，難以成胎，而且以人奪天，遂為造物之所忌。子不見夫牛羊犬豕乎？

其交也如養由基之射，一發一中，百發百中。是何故哉？蓋禽獸無生子之心，但為陰陽之所鼓蕩，行乎其所不得不行，止乎其所不得不止，遂生其所不得不生。又不見夫姦夫姦婦？偷期密約者乎？彼自知干名犯義，方唯恐生子被人恥笑，而無奈發於情之不自禁，則姦生子往往獨多。此其明驗也（節錄《隨園（**按：原作圖。觀下文可知應為園**）尺牘（**按：牘原作櫝**）》）。

陳眉公訂正之《祈嗣真詮》，袁黃坤儀甫所編。內有句曰：交感之際，有意種子，兢兢業業，必難結胎。偶爾為之，不識不知，則胎成矣。此可想神交之義。此節可與袁子才尺牘互相發明。

男子下體曰陽具，曰人道，夫人知之也。亦曰馬藏，見《三味經》。亦曰燭營，見《淮南子精神訓》。亦曰餘竅，見《列子》。亦曰穢穴，見《列子仲尼篇》注。亦曰勢峰，見《瑜伽師地論》。亦曰睾丸，見《素問》（見《秋雨庵隨筆》）。

狐盜精採補者，必化女與人合，昏迷中以為交接，實則扯脫下衣，大吸其勢，精盡乃去。

江寧有一男，年四十餘，有鬚，身面短小。背負一肉山，高過於頂，黃脹膨脝，不知何物。細視之有小竅，而陰毛圍之，方知是腎囊也。人呼為「大脬人」。

紅毛國多妓，嫖客置酒召妓，剝其下衣，環聚而唾口沫於其陰，不與交媾也。唾畢放賞，號眾兜錢。

乾隆間五臺山僧清涼老人，圓寂後，轉生為西域小兒，漸長大，纖妍如美女。過琉璃廠，見畫店鬻男女交媾狀者，大喜，諦觀不已。歸過柏鄉，召妓與狎。到五臺遍召山下淫媼與少年貌美陰巨者，終日淫媟，親臨觀之。猶以為不足，更取香火錢往蘇州聘伶人歌舞。被人劾奏，老人歎曰：無曲躬樹，而生色界天，誤矣。李竹溪與有前世因，往訪之，見老人方作女子妝，紅肚襪，裸下體，使一男子淫己。而已又淫一女，其旁魚貫連環而淫者無數，李怒罵曰：活佛當如是乎！老人夷然應聲作偈曰：男歡女愛，無遮無礙。一點生機，成此世界。俗士無知，大驚小怪。年廿四端坐趺（**按：原作跌**）跏而逝。

京師楊某習採戰術，能以鉛條入陰竅，而呼吸進退之。號曰運劍。一鼓氣則鉛條觸壁，鏗然有聲。或吸燒酒至半斤。後於白雲觀遇美尼，授二丸吞之，毛孔作熱，淫欲之念百倍平時，與尼合，橫決而潰，委頓於地而死。

或聞狐之成道者云，凡男子之陰，以頭上肉重肥為貴。年十五六即脫穎出，皮不裹（**按：原作裏**）稜，嗅之無穢氣者，人也。皮包其頭不淨，稜下多腐肉而筋勝者，獸類初世為人耳。不見羊馬豬狗之陰，非皆皮裹頭尖，而以筋皮勝者乎？出其陰示人，果細瘦而毛，尖如錐。

明末遺老欲殉難而不能，以醇酒婦人自戕。多姬妾，終日荒淫。數年卒不死，但腎脈斷矣。頭彎背駝，傴僂而行。人戲呼為人蝦。

有被人雞姦控於官，驗之，花紋已散，穀道寬鬆，是雞姦已屢者。外有新創，內蓄餘精，是初被雞姦者。仵吏識之。

楊僮微有姿，性柔和，有狎者無所拒。夏日浴於池，忽雄鴨飛起，齧其臂而以尾撲之，作抽疊狀，擊之不去，須臾死矣。尾後□（**按：此字不清楚**）下肉莖一縷，腴水涓涓。見者大笑，呼楊為鴨嬖。

山左王倫之亂，臨清焚殺最慘。男女屍填河，高於岸者數尺。賊既平，啟閘縱屍，順流而下。無賴者竊剝其衣，故屍多裸露。忽一女年十七八，裸仰水面，流至閘側，右足罣閘而止。俄一男屍年貌相似，裸流亦下。忽躍而起，與女屍合，抱頸股交疊。眾以篙撥之，竭力不能開，須臾流去。亦不辨其誰氏子也。

李剛主講（**按：原作購**）正心誠意之學。有日記一部，將所行事必據實書之。每與其妻交媾，必楷書某日某時，與老妻敦倫一次。昔有某教官五十續弦，門生醵金賀之。入夜偷視所為，以為交合斷無庸用其偽道學也。乃教官頂戴袍褂入房，移雙燭於床前，將新婦扶座床上。舉手口（**按：此字不清，似為捋**）其袴，分其兩腿，高舉之，詳視其私，點頭讚歎。於是退三步，恭對牝戶長揖者三。祝曰：不孝有三，無後為大。某老矣，今日不免唐突夫人，而施及下體。聞者匿笑不置。二事相似，何其迂闊乃爾。

崇禎時某相自言為蔡京後身。好觀美婦之臀，美男之陰，以為男子之美在前，女子之美在後。世人易之，非好色者也。嘗使女衣袍褶，男飾釵裙，而摸其臀勢，以為得味外味。號臀曰白（**按：原作曰**）玉棉團，勢曰紅霞鮮杵。

邏（**按：疑應作暹**）羅俗最淫。男子十四五歲時，其父母為娶一牝驢，使與交接。夜睡縛驢，以勢置驢陰中養之，則壯盛異常。如此三年，始娶妻，迎驢養之終身，當側室。不娶驢無有以女嫁之者。

石男二字，見《太玄經》。至於半男半女之身，佛書亦屢言之。

柳州有牛㞗山，形如女陰。粵人呼陰為㞗。除夕必男女數十人守之待旦。或懈於防範，被人戲以竹木桿抵之，則是年邑中婦女無不淫奔。有邑令惡之，以土塊填塞，則婦女小便梗塞，不能前後溲（**按：原作瘦**），致有傷命者。

傳聞虎不再交，非也。虎獨處，其有兩者必牝牡也，有三四五者必虎母子也。月大暈夜，虎乃交，在半夜後，來日必起大風。有人宿嶺上寺樓，聞兩虎鳴聲甚急。窺之則月濛濛暈矣。有物一堆上白下黑，如土阜搖動。久之其（**按：原作共**）下者猛吼震谷，蓋其竅初合，牝者痛而驚呼也。久之抱躍而起，既落地則兩釋矣。

獺性淫。吳越小家女多於水中洗褻衣，獺食之久，能為異迷人。雌者多就異類交，為異則迷惑男子。雄者聞少婦褻衣氣，輒纏繞不休，眾擊之至死勢不痿。有娶婦者，獺繞新婦足間。

取梃艷之（**按：四字原作娶梃艷不**），身長一尺五寸，勢長七寸，與人無異。稜肥肉厚，大如鮮菌。獺肝髓入醫經，其勢異若此，可為房中藥，惜醫經不載（山獺陰試真偽，令女人摩手極熱，置掌中躍躍自動。膃肭臍即海狗腎，臘月衝風處女（**按：女字似不通，疑誤**）浸不凍者正。假者名水烏龍腎。收器中年年濕潤，置睡犬頭上即驚跳）。

浙中呼外腎為卵。

《褚氏遺書》，男子二八精通，能近女。八八六十四而精衰。俗有量童子法，能知其可近女與否。法用粗線一根，自項圍頸一匝，記其長短，以線雙折，從其鼻準橫量至耳，長過耳者，便能人道。

或云鳥外八竅，內亦少大腸，其糞溺於後。九竅者大小腸皆全，故獸亦分前後出入也。凡人大腸通於後，結於肛，前陰為小腸之頭以通溺，獸亦然，獨鳥以小腸在後。觀鵝鴨相交，前陰突出於後，非小腸何也。凡鳥之匾嘴者以形交，有陰物相媾；尖嘴者均以氣交，無形器也。此可補《禽經》所未備。

乾隆丙午，刑部福建司承審一案。獄成，以口供穢褻不能上達。其案為北京香山事。有姑嫂同居，嫂素淫，於後門設溺桶，伺行路之溺者，其陰可觀，即招入與淫。一日有屠羊者過而溺，其陰倍於昔之所御者，嫂狂喜迎入，至臥榻解下衣而俯就之。姑坐旁視其事畢，即欲往就，而屠性耐久，自午至未甫了事。腹中餓甚，索飯急。飯畢，姑以為將及己（**按：原作已**）矣，亦弛衣摩屠者之具，為之吮咂。屠具復舉，嫂曰：屠性猛，汝恐不勝，宜再讓我。姑許之。嫂顛狂不休，姑情急，水流至踵，怒嫂之誆己也，往別戶自縊。嫂之本夫街卒也，歸家見妻神色不寧，被褥污穢，乃私自嚴鞫之，始得其情。姑之夫家方訟於官，以為被嫂磨折而死，不知其事之可醜也（以上具錄自袁枚《子不語》）。

蚌無牝牡，為雀鴿所化，故久者生珠焉。一於陰也（見《湧幢小品》）。

《鄉嬛記》文齧類女陰，即淡菜也。李笠翁《風箏誤》曲云，嫖經收拾賦桃夭，日嘗新淡菜，莫厭舊鯉條。明代即以淡菜鯉條代陰陽之具。

江南之人以蚌為陰戶之代名。處女之陰則戲呼曰蛤，以大小之分，象形取義耳。《本草》釋名，李時珍曰：蚌與蛤同類而異形。長者通曰蚌，圓者通曰蛤。陶宏景曰：蜃即蚌也。昔孔融致韋端書，有「不意雙珠出老蚌」之句，可見古時已有此形容。清初王斫山先生偶於舟中，時方九月，忽一女郎掉文曰：何故此時則雀入大水化為蛤？座中斗然未有以應也，先生信口答曰：我亦不解汝家何故雀入大蛤皆化為水也。此真用《禮記》入妙，亦虐謔也。余按淡菜一物，形容益肖，且有少毛。故奔日華，謂形狀不典，宜其得「東海夫人」之名也。

抹胸之物，亦名袜腹，俗名兜肚。煬帝詩，寶袜楚宮腰。楊貴妃私通安祿山，指爪傷胸乳之間，遂作訶子飾之。訶子亦此物也。故張憲詩：豬龍爪破金訶玉。顧瑛詞：怕解金訶見爪痕。今南中婦女，悉用兜子，是以尺方之布為之，折其一角，以金絡索繫之。掛於頸上，橫端兩角，以繩繫腰，而緊束前胸，用以防風迫乳。且有以夾羅為之，實以香屑者。曩在京於友人家，見有紅綢夾兜，較尋常者略大，上以五彩絲繡秘戲圖四齣。初以為閨房遊戲之製。或云像姑所用，故形式較大，並陽而兜之。於理差近。余昨於津門某寓公家，見一白綾夾兜，繪白描人物於上，纖細而生動。詢其傒僕，云是第幾姨以洋泉念枚，囑畫工所作，不為諱也。余取而諦視。兜之上角，一老者鬑鬑有鬚，面貌紅潤，若採陰煉氣之流，展衾仰臥。一少女蜷身伏其上，伸兩臂，一以鉤老者頸，一以按枕支軀。分兩腿，跨其腹。老者以手托（**按：原作託**）其股，若助抬動者。女雲鬢覆額，花鈿齊（**按：原作齋**）整，鳳頭鞋窄，頗可人憐。肌膚瑩白如玉，不著寸縷。股交壓，舌互咂，歡情酣豔，見者魂銷。其下則一男側身臥，曲肱著枕，上身微抬。女交頸伏其上，而嬌軀微側，頷貼男背，臂摟男腋，衣袒服而下無褌，腿交叉如繩。一腿置男兩股間，一翹男股外。牝戶大開，陽半納其中。初若含濡不動者，細察女兩膝跪席而負重，男腳跟著床而指張，似亙止努力。而且陰毛冰貼如濕氈，可知其淫津暢流。此圖於微妙處傳神，益覺生動。當中畫一女裸臥，鞠躬如元寶勢，側首倚枕函，以一手據床，兩腿中分，緊夾男股而合。男雙膝並跪，身伏女身，以輔屬體。一手攀香肩，一手摟腋下，若甚憨猛，唯恐不膠固。復有一女，雲鬢嚲肩，梳墮馬髻，上下裸露，僅繫紅抹胸，蓮瓣雙鉤，不盈一握。坐男後，股雙叉，以兩手推男背，似是知心小婢，助其歡情也者。秋波流媚，紅暈梨渦，誠難乎為情矣。兜之左，一女倚枕仰臥，男胡跪於床，膝彎直抵玉臀，挑尻高舉，兩手抄抱女身。女腿夾男腰，交足於背，股際只隔一絲。如匙投牝，連根盡沒。雖尋常樣式，而態閑意遠。男則輔偎粉頰，身擦紅肌。陰精出乎陽門，歡水溢於玉戶。女則斜送餳眸，微聞嬌喘，上肢無力而懈放，下體難捨而膠粘。神魂欲飛，歡情不盡。正如蓮開並蒂，花結同心也。其右端則畫一金雀丫鬟，與俊童野合。女年紀嬌小，姿容穠麗，神情則半推半就，態度則若喜若驚。袒懷露乳，乳如菽發。褪褲出私，私處墳起。臀擱紅欄之上，身倚香柱之間。上下其手，挽頸攀肩；左右其腿，盤腰夾背。接唇含舌，舉陽觸陰。男跨欄而坐，手托其股。金溝微開，玉杵半入。烏毛茸茸，男定斫輪老手；紅鮮滴滴，女則破瓜初試。畫師狡獪，閑寫春情，雖未能淋漓盡致，而一種生澀之態，亦可聊備一格也。綜觀畫兒，不覺心蕩。某姨以妖冶著名，雖年逾花信，風韻實不減（**按：原作滅**）當年。睹物思人，頗涉遐想。料其抱衾裯而當夕，酥胸半掩，趣意定多。其主翁當俯視畫訶時，倍增歡暢，更不知若何顛倒也。作《畫訶記》竟，詫為奇觀，復紀以詩曰：已是酥胸掩趣多，更圖秘戲上金訶。消魂盡借翻新様，惹得騷翁喚奈何。

海馬雌雄成對，其性溫暖，有交感之義。房中方術多用之，與蛤蚧郎君子同功。蝦亦能壯陽。蛤蚧出廣西橫州。牝牡上下相呼累日，情洽乃交。兩相抱負，自墮於地，人往捕之，亦不知覺。以手分劈，雖死不開。房中方用其雌雄，其效在尾。摘蛤蚧（**按：原作蛤**）之尾，含之奔走，不喘者正。守宮砂塗女臂，有交接事便脫，不爾如赤誌。《博物志》云，蜥蜴或名蝘蜓，以器養之，食以朱砂，體盡赤。所食滿七斤（斤字，《貯香小品》作兩字），擣（**按：原作濤，當與擣字淆而誤**）萬杵，點處女支體，終年不滅。惟房室事則滅。故號守宮。

或以密陀僧乾燕支等和蝙蝠血點女臂，以代宮砂。

鴛鴦肉作臛，夫婦不和者私與食之，即相憐愛。鶬鶊肉可以療妒。隊隊形如壁虱（蝨）（生有定偶，緬甸有之。婦有不得於夫者，飼於枕中，則其情自合。見《遊官（**按：疑應為宦**）餘談》）。

《北戶錄》載孔雀不匹，以音影相接而孕。或雌鳴下風，雄鳴上風，亦孕。鶴亦如此。《冀越集》云，孔雀雖有雌雄，將乳時登木哀鳴，蛇至即交。《禽經》云，孔雀見蛇則宛而躍者是矣。

雀性最淫。冬三月食之起陽道，令人有子。雀卵和天雄服之令莖不衰（雲南百夷中有小孟夏江產鮑魚，食之日御百婦，故夷性極淫，貴賤皆有數妻。山中又有彎薑，餌一刀圭，終身斷絕人道。土人以飼牡，毋不宦也）。

鹿性淫，一牡常交數牝，謂之聚麀。余曩在綏遠時，奉差往卓子山，因住於車站。月夜登月臺，見有狼（按：原作狠）十餘，呼嘷其下。初以為獵食，細察之，乃互爭一牝也。此牝與一牡交畢，復一牡來合，竟受七牡。當輪姦時，並不爭噬。余擬槍射之，站長止之，謂狼不為患，倘死其一，則群來夜哭，慘不能聞。並云，牝狼皆非數牡不殺欲，見之數矣。狼與鹿適相反，亦淫獸也。

靈貓豪豬，皆能自為牝牡。兔無牡，中秋顧月而孕。

俗傳牝貓無牡可孕，但以竹帚掃背，或用斗覆貓於灶前，以帚擊頭，祝灶而孕。余頗疑之。後與內子取牝貓未乳子者試之。當掃背時，貼然伏不動。頻舉其臀，聳其尾，若不勝其欲者。貓陰膨漲露尾股間，其大如指頂，以紙捲撚探有水少許，紙為之濕。相與一笑縱去。是晚即叫春矣。

山獺性淫毒。山中有獺，凡牝獸皆避去。獺無偶則抱木而枯。猺女春時成群入山採果，獺聞婦人氣，必躍來抱之，次骨而入，牢不可脫。因扼殺取其陰，用為房中藥，有奇效。試陰莖真偽，令婦人摩手極熱，取置掌心，心氣呵之，即翹然動。蓋陰氣所感也。

玃，老猴也。純牡無牝，故又名玃父。善攝婦女為偶生子。（豸周）狀如猴，純牝無牡。群居要路，執男子合之而孕。猨，雄者老而勢潰，轉為雌，能與雄交而孕。猩猩能人言，在人猴之間，即野人也。《博物志》云，日南野女，群行覓夫，其狀白色，遍體無衣襦。《齊（**按：原作齋**）東野語》云，野婆出南丹州，黃髮椎髻，裸形跣足，儼若一嫗。群雌無牡，遇男子必負去求合。載覆之間，陰陽之道，真有不可解者。此獸與人交者也。

仙靈脾，藥名，服之令人好為陰陽。西川北部有淫羊，一日百遍合。蓋食此所致。故亦名淫羊藿。

貴州青浪衛山間產相連草，苗婦於高山長歌連日，歌〈淫心蕩〉（曲名），有草飛來人懷。置衣袂間，令人相思欲死。相離草投飲食中，令夫婦參商。又草名癡漢樂，淫婦以食其夫，如醉夢，絕無妒心。

鎖陽，出肅州。《輟耕錄》云，生韃靼地，野馬或與蛟龍交，遺精入地，久之發起如笋，上豐下儉，筋脈連絡，絕類男陽，即肉蓯蓉之類。或謂野之淫婦（胡婦之淫者）就地而合之，一得陰氣，勃然怒長。

婦女褌襠及月水布，皆可治病。能解箭毒，治房癆等症。見《本草》。

李時珍曰：營氣之粹，化而為精，聚於命門。命門者，精血之府。男子二八精滿一升六合，養而充之，可得三升；損而喪之，不及一升。謂精為峻者，精非血不化也。謂精為寶者，精非氣不養也。故血盛則精長，氣聚則精盈。邪術家蠱惑愚人，取童女交媾（**按：原作姤**）飲女精液，或以已（**按：原作己**）精和其天癸吞咽服食，呼為鉛汞，以為秘方，故恣貪（**按：原作貧**）淫，甘食穢滓，促其天年。吁，愚之甚矣，又將誰尤。（一合米之精汁，成血一滴。千滴血方成一滴精。）

鴇純雌無雄，與他鳥合。《庶物異名》疏，陸佃云，鴇性最淫，逢鳥則與之交。鯧魚游於水中，群魚隨之，食其涎沫。龜恒與蛇交，雄者怒圍而溺，蛇觸溺身爛，雌者負之去。故世以比倚門之輩焉。

張仲京詞，蝶粉蜂黃都褪卻。按《道德經》，蝶交則粉退，蜂交則黃退。蝶以鼻交，蜂則股後之刺，可生殖可自衛也。

明天啟間，內臣喜食牛驢外腎，曰「挽口」者，則牝具也，「挽手」者則牡具也。羊白腰即羊外腎卵也。且以進上，上隨眾食之。魏忠賢因牡馬外腎實壯陽健藥（按：原作樂），美其名曰龍卵，十月間御饌內最重之。《夢言》一書記其事。明閹喜食牛驢不典之物，名牛陰曰「挽口」。《本草》載白馬豕驢狗陰莖皆壯陽。余曩在揚州，方少將柳江筵次，見一盤盛肉片，圓廓而有孔，詢之云是驢鞭，異之未敢嘗。即牡驢陰莖也。又於馬福章家吃牛肉，時福章盛誇「宛口」之肥美，詢之即牝牛陰也。方馬皆嗜之成癖，惜乎未問「鞭」、「宛」是此二字否。（粵菜館有牛鞭，味甚美。）

騾，陰有鎖骨不能開，故不孳乳。牡驢交馬而生者曰騾，牡馬交驢而生者曰駃騠，牡驢交牛而生者曰馲⿰馬百，牡牛交驢而生者曰⿰馬啇⿰馬豕，牡牛交馬而生者曰駏驉。世俗不察，統名之曰騾。動物血統之最雜者亦無過於騾。

蜂有雌蜂、雄蜂、職蜂三種。雌蜂每群僅一頭，是為蜂王。雄者但營生殖。職蜂皆不完全之雌體。蟻類與蜂同，但女王多數同居，不似蜂王嫉妒專制。至交尾期則生翅，職蟻不能也。

蠅之交尾背負甚久，相聯而飛，撲死不解。□麼細小蟲，人多不注意耳。

蠶出繭成蛾，生而能交，終日不解，交畢即卵。當其交時，以尾尋尾，如石吸鐵，自能得其竅而合。合久，養蠶婦女以手分之，不爾，雌蛾必精脹而死。（兩蛾交時，取火上焙成灰，以酒調服，可健陽。）

宮刑，古刑法之一。男子割勢，女子幽閉。《肘後經》，騸馬宦牛羯羊閹豬，皆割去其勢，以資養用也。

《瑯嬛記》，遜頓國有淫樹，花如牡丹而香，種有雌雄，必二種合種乃生。花去根尺餘，有男女陰形，以別雌雄。種必相去勿遠，二形晝開夜合，故又以「夜合」為名。又謂之「有情樹」。

壯時不免房帷之好，後乃以漸而淡，至為汗漫遊，遂與色遠。友人俱誚其假。李賸齋至謂五十斷慾，不如捐館作泉下人，後竟以啖牛截淫一妖嫗而殂。夫精炁神人之三寶，而丹藥之王也。先祖遇一異人，授以龍虎吐納之術，余以骨頑無仙分。然於玄牝要訣，頗熟聞之。大要以寶神嗇精為主。世之愚傖縱情彫伐，以致陽弱不起，乃求助於禽蟲之末。蛤蚧偶蟲也，採之以為媚藥（**按：原作樂**）；山獺淫毒之獸，取其勢以壯陽道；海狗以一牡管百牝，鬻之助房中之術，何其戕真敗道，貴獸而賤人也。且方士挾採陰之說，謂御女可得長生，則吾未見蛤蚧成丹，山獺尸解，海狗之白日沖舉也。節錄汪三儂自序。

古人之好男色者，《祝氏猥談》中，紀之甚詳。

今之洋貨肆或藥房中，嘗售有二物。一曰「風流如意袋」，係以柔薄之皮為之，宿娼時蒙於淫具，以免黴毒侵入精管。因能防制花柳病也，故亦名「保險套」。更有一種附有肉刺者，可增女子之歡情。但於用之者終嫌隔靴搔癢耳。囊底有小圓球，中空，適當馬眼，可洩精於內。間有用之避孕者。但往來衝突，破裂堪虞。此袋偶一戲用則可，陰陽不能互達，熱度不能射激，殊非衛生之道也。一曰「子宮保溫器」，係韌皮所製。長六寸許，有棱有莖，絕類男陽。其下有大圓球如外腎，球底有螺旋銅塞。器內中空，注以熱水，則全體溫暖。本以療治子宮寒冷，不能受孕之病，乃用者不察，多以代藤津偽具，且盛誇製作精妙。後詢諸肆夥，謂購者紛遝，余始疑之。及潛心體察，始知藥房巧立名目，規避禁罰。試問子宮寒冷，豈外間物所能溫暖？而腔內受此溫暖之具，能不將情慾勾引？倘執其端以動搖，慰情勝無，遂旦旦而伐之矣。余紀之以詞，為體物詞中別開生面。詠「風流如意袋」，調寄〈水龍吟〉曰：青樓幾度留髡，無端擷得楊家果。飛英點額，散花著體，風流小過。蒙甲應羞，處囊漫惱，防閑差可。似冰蠶帶蛹，玉龍包□，蓬瀛客，居奇貨。遮莫魂消真個，論歡情卿當勝我。休譏小器，堪藏夾袋，房中術妥。暗舉金戈，偷垂玉筋，雨收雲破。惹秦娥笑指，蠻僧醜狀，竟研皮裹。詠「子宮保溫器」，調寄〈高陽臺〉曰：杵號紅霞，莖承白露，嫁人情味偷（**按：原作愉**）嘗。暮掩瓊閨，金盆試罷蘭湯。被池自啟葳蕤鎖，喜熱中洩透春光。盡銷（**按：原作鎖**）魂，不滅宮砂，不褪蜂黃。宛然桴鼓誇紅玉，更催花迸雨，別樣顛狂。手倦抛梭，閑將鈿尺私量。桃源早讓漁篙入，只良宵難隱檀郎。但消他爐鼎初溫，好煉元霜。

趙聲谷云，蘆墟徐四搖尖頭船為業。戊申冬往弔烏程，曾雇其船。徐四年三十外，巨準鬚腮，頗有登徒之好。所狎蕩婦白黑黑情甚濃摯。黑黑嘗自言曰：人盡夫也，時盡晦也，地盡床第（按：原作第）也。又曰：人生駒隙，安得極樂而死！每與新交合，必具通宵蠟炬，光照無遺。魚麗鸛鵝，五花八門，從壁上觀者無不失色，而夫人城未啟也。娘子軍益焰也，苟其棄甲務必追奔，以故自揣力薄，且退避三舍，否則撩虎鬚者幾不得生還。又嘗於所私者品第材力，曰某某曳落河，某某萬戶侯，某某二千石，某某穿楊枝，某某蠟槍頭，某某黔驢技，某某鐵中錚錚，某某則自鄶以下也。然而丁不能兵，戈難用武，相接以來，閱人多矣，所謂曳落河萬戶侯等譽者，不過誘掖（按：原作液）獎勸鼓勵人材，有是設無是技也。眼前行伍舉屬槍蠟驢黔，自鄶以下真無譏焉。惟徐四者猶不失為鐵中錚錚，故願得而甘心焉。黑黑又謂徐四曰：儂年逾就木，相接恒河沙數，卒未嘗飽餐，奈何。徐四曰：人間（按：原作問）無飽餐也。或遇五通九尾，給君一飽有之。黑黑曰：何謂五通九尾？徐四曰：五通能通五竅，九尾直達尾閭，皆引人到極樂世界，非尋常媾合也。黑黑曰：安能得之？徐四曰：求則得之。由是沉思默想，朝夕焚香禱告，屏絕泛交。夢寐中常呼「通叔叔」、「尾爹爹」不絕，迄無效驗。嘗有意避雨浮屠，大小寺僧齋遍無剩，猶不得饜足。乃手撫撞鐘搥曰：願天生活佛，當作如是觀。生平喜鼓噪，怕聽鑼聲。問其故，曰：鼓作氣而鑼收兵也。其性情如此。

男女媾精，萬物化生，人倫萬世，豈可謂之淫。山澤通氣，陰陽發洩，適可而止，豈可謂之淫。過此者謂之淫，樂此不疲者謂之好淫，好淫則近於畜類。經云，禽獸無別，故父子聚麀。又云，不戒其容止，生子不備；不備，不成人；不成人，畜類也。非必果報彰彰，墮入畜生道，謂之畜類，即以眼前論，好淫者無不類畜。試思，逾牆驀（**按：疑應為攀**）樹，飛簷□（**按：此字不清**）格，喜偷（**按：原作愉**）善走，跳梁升木，謂之人猿；倚勢凌辱，漁獵一方，令人恨不撲殺中，謂之人獠；軟綿綿，善靄靄，長跪牽持，服淫藿而交百遍者，謂之人羊；嫌短接長，纍垂尺餘，謂之人驢；苟且發極，由竇而進，謂之人狗；中人圈套，落入溷圊，謂之人彘；白晝宣淫，生子無皮，若雛鼠然，謂之人鼠；故作屈伸，將進未進，如蛇遊洞，謂之人蛇；當場捉破，不殺而宮，操刀鐓下，喊若徵音，謂之人豕；人豬聚麀，不顧鋌而走險，急不暇擇，謂之人鹿；淫詞綺語，會意描形，墮入馬服，謂之人馬；密約佳期，彈琴望月，謂之人牛；聞腥想喫，歷鹿而來，謂之人貓；中毒聲啞，謂之人鴨；瘡癩遍體，謂之人蟆；甘作秦宮，花裏覓活，腳撲朔而受淫，謂之人兔；暴殄天物，摧殘結髮，狼戾狠毒，謂之人狼；淘虛元氣，一交而洩，謂之人雞；隱身瓜田，縮作一團，蝟毛刺唇，謂之人蝟；槐影搖風，渾身黑服，謂之人鴉；房術變化，善擺陣勢，謂之人鸛鵝；縱慾坡坨，隆然背腫，喘聲呼呼，謂之人駱駝；未老先老，鞠躬如也，謂之人蝦。噫，好淫類畜，可謂無微不至矣。他如善媚之狐，遺群之（犬鳥），縱淫之龜，戀交之雀，天性自然，不必言類也。至於甕帆海嫂，雅善駝人，獺刺山公，頗思抱婦，非耳目所習聞見，不暇言類也。若夫虎豹獅象，鴻雁鴛鴦，一切義獸情禽，反不屑與好淫者為類也。戡破人獸關頭，斯全生物，愛物種子。否則異於禽獸者幾希。

媚藥中有「顫聲嬌」者，相傳以未連蠶蛾及鳳仙蠱、五味子等合成。服之入房敷施，能令翕受者醰醰穠粹，情不自禁，必作無病之呻吟者，故以是名。

某富孀年已半老，蕩性獨別，求牡之心，無微不入，其表則巖巖（**按：疑應為儼儼**）難犯。一朝見籬下狗媾膠粘壹並，心涎之。洎晚潛嗾之來，匿已臥房，拉入一處，縱其交。奼女神宮，眼腔火熱，遂逐牝納牡，扃戶逼之，牡不能從。移花湊木，牡又不能。婦情急，馬扒其身，類其所為以遷就之，牡始交接。再接再厲，烈烈如火。積歲饑腸，始餐異味。汪洋浩漫，若巨魚之縱壑也；追入奧尻，若鴨嘴之啄食也。未幾，四圍鞈帀，間不容髮，如長房之縮地也；漸入佳境，甜蜜美滿，如長康之啖蔗也。韓盧宋鵲，縱送自如。翹以粗闊以奄，大非人之鑿柄可比。婦於是絕憐愛之。飼以粱肉，衣以滑綾，僅空上下交接處。名之曰「敬寶」，從苟字邊旁取義。靜夜無人，敬寶搖尾乞憐，思媚其婦，如舊昏媾焉。有中表弟探望婦，招入內廂，敬寶狂吠噬生，袍袴粉碎。婦叱之，即噬婦。後婦燒香歸，棹方止岸，早有牝犬一群，狂吠發瘈，裙袴盡碎。喙傷要道，敬寶每夜以舌舐傷處不痊。延狗醫診之，醫曰：狗涎毒入於子宮，無能為也。婦輾轉死。

狗為盛陽之物。盤瓠妻高辛，徐宮產鵠倉，自古以來，婦人遭之不足奇也。《堅瓠集》載，婦人與狐狸交，與驢馬交，與獼（**按：原作獮**）猴交，至有與蛇交者。疑此皆妖魅幻作人形，脫其本來面目，則變而又常矣。滸墅唐家村姑媳二人，姑孀婦，媳養媳也。異室而居。姑獨宿夜難挨，猛想日所見甕頭黃鱔，活滑可喜，因起，捉其巨粗且長者，用絲棉握其尾，令以頭探入陰中。物因尾痛，頭亂頂，躬亂鞠，盡力直楦。獨眠人得未曾有之奇趣也。夜夜如是，魚水因緣。黃帽滑生勝於角先生呆板多矣。其媳私伺之，見姑納鱔狀，驟覺慾火一縷，自湧泉穴直透丹田，葶膜中如虻嚙蟻齧，按捺不住，襲姑衣鉢，如法而行。但一線紅扉不比堂堂廣廈，物挨身而入，往裏直鑽。女發急，取剪刀斷其半截，物痛益入，直追心窩，不一時而氣絕。

滑弟弟，出緬甸黃花城，南去三千里，萬山中鳥精也。其鳥最淫，經年交合不歇，流精無度，耗竭而死。精膠枯樹木上，絕類螳螂子。一併取以為末，遇人風疾及麻木不仁等症破滲入竄遍周身而愈。此物著肉便翕翕然動不止。得之樹皮猶其次也，最上者，土人捉得雄鳥，遍室置鏡，鳥顧影以為偶也，汩汩滴精。以金葉盛之，作兜鈴狀，藏於偽器中。遇竅直鑽，深入顯出，其樂有難言者。此閨闥秘器。魚元機詩：易求無價寶，難得有情郎。「無價寶」即此物也。人家奩贈中有備之者，名曰「緬陽鈴」，亦謂之「鵲不停」（緬鈴相傳鵬精也。鵬性淫毒，一出，諸牝悉避去。遇蠻婦輒啄而求合。土人以束草人絳衣簪花其上。鵬翗之不置，精溢其上。採之裹以重金，大僅如豆。嵌之於勢，以御婦人，得氣愈勁。然夷不外售。滇人偽者以作（**按：此字不甚清晰**）蒺藜狀裹以金，搖之亦躍。但彼不搖自動耳）。

人稟陽氣重者喜飲，秉陰氣重者耽色，終日昏昏，曹（**按：原作薦**）騰睡去，不知臥榻之旁有人無人也。淫薪之說，皮毛之論耳。究之天地絪縕之真氣，非胡酡能為辨者。世俗不察，竟以腐腸狂藥與伐性斧斤，若華萼相跗。然何未思之深哉？試看百草甲坼始生若錐者，皆能釀酒。若Y（**按：原文如此，意當作丫，指一幹而分兩枝如樹之杈丫者。下文同**）者不能。昔少昊氏不才子曰伯北，嗜酒。死化為蝗。若錐者皆食，Y者不食。至於婦人嗜酒必兼喜食若錐者

（以上七則錄自《夜航船》）。

劉宗師（大符）《修真問答》內載，精之竅，即玉戶也（**記者按：玉戶者男女精竅統稱**），會陰穴也。在穀（**按：原作谷**）道之上，尾閭之前。精之逆順，由此以分仙凡。鼎爐對峙，龍虎爭馳，初則平淡，久則興濃。精臨此竅，欲洩難禁。當此之際，吸勒小腹，提撮肛門，搯手鉤足，縮項聳肩，咬牙翻目，上視泥丸。如此作用，其精自回。此即牽轉白牛之妙法也。不然則精必沛然下傾，莫之能御矣。婦人修煉者，必先靜心守中，依五勢運氣疏通，然後行煉赤龍法。假日前月某日行經，至此月預先一日子時下工靜坐披衣，兩手握固，按兩脅候身中升降數次，方將左腳跟抵住牝戶。如不能者以棉墩代之可也。緊撮穀道，努目咬牙，聳肩著力，往上一提。存想赤氣一道，自子宮由尾閭過三關，上泥丸，下重樓，注雙乳則止。照此行持，待身熱則止。三日後用熟絹插入牝戶，此次看比前月或多或少，或有或無。五日後每日子午卯酉各行五次，寅時行屯卦運陽氣，申時行蒙卦散陰血。每一時入室靜坐，閉氣存息。存想赤氣一道，自子宮過尾閭，上三關，透泥丸，下舌根，注雙乳，到中宮。如此行持一百日，萬病消除。妙難盡述。或問，昔者彭祖、巫炎、容成，其學道之初，皆由御女入門。每見今時行此術者，病患何也。答曰：御女以久戰為榮，以不泄為勝，以彼泄陰為有補益。殊不知精者氣之化，氣者神之生。元神不固，則其氣無統，雖助長於平日，強制於臨時，不知以靜御動，以逸待勞，縱有所存，亦滓質耳。久則終歸臭腐，隨溺化去。或精道秘澀，邪火妄奔，發為癰疽，致成遺淋。況關竅未開，橐籥不應，不知逆取，豈能運轉？交未必得，得亦無補，非徒無益，而害斯烈矣。

五種不男者，一曰「生不男」，元身細小似蛹不發，又云根帶柔委，常不舉興；二曰「□（**按：方框原文如此**）不男」，外腎只有一子，或全無。俗名犍，又名「犍不男」。或係用刀割去男根；三曰「半不男」，二物俱有，俗曰是「二儀子」，又云半月男半月女；四曰「變不男」，上半月右腎入內，下半月左腎入內。一云「乏不男」，未及十六歲而耗精自行，或有白濁；五曰「蠹不男」，元精清冷如冰。又云「脫不男」，見色未交而泄，或男根似無，見他人行淫而生妒心，遂感有根。凡男子有一犯者，永絕後嗣。

諺有女子口大陰大之說，聞之初不甚信。及觀相書，亦載欲察陰陽二道，男觀其鼻，女觀其口。故蕩婦偶見男子，必竊竊私議，唯恐所覯非隆準公，而妓院中亦有選鼻子大者好生受用之譜謔。余在浴堂中偶思及之，必留心細察，凡十九天臺（鼻之別名）高峻者，其下未必甚偉。閑與友人研論，友曰：彼纍纍垂垂者皆下流人物，大而無當，俗謂「癡鞭」。男子陽道不在長而巨，而在龜頭稜高而肥。故相內五行者亦有「草裏藏珠是貴人」之口訣。夫草裏藏珠，乃陰莖全部恒縮盡無餘，只龜頭伸在毛外，如置珠草上。大丈夫能屈能伸，不似寒乞相興衰一例也。後細察鼻如懸膽者，其陰頭必豐，於是鼻大勢大之言驗。因靈柯為受氣之門，鼻為天門，與之相應。腎為命門，亦與天門相合。道家採炁者以鼻引山者（**按：者字原缺，據下文補入**）入腦。山者指女子而言也（見《房中鍊己捷要》）。

人生受氣之初，在胞胎內隨母呼吸，受氣而成。前通於臍，後通於腎，名曰鼻祖。鼻之呼吸與陽部息息相通，故氣促易泄，此其明證。但口大陰大之說，頗難一一驗之。因婦女之膣口大小，原無定準。歡情時可大，多胎者可大。即以處子而論，當破瓜時，遇偉岸者則大，遇渺小者則小。故妓女開苞，首擇偉器，原可楥之使大。總之女子無不能容也。或問（**按：原作問**），然則相書之說為不可信乎。曰不然。女陰大小雖無定準，以口驗陰，十有九驗。無怪古今形容女子輒稱櫻桃小口，正有所謂也。故孫妃有煖爐之丹，令陰戶窄緊；武后有潤戶之方，妙如童女。是以人工而補廓大無朋之憾。至於男工採補之術，女嫺床笫之功，小大由之，則又不在皮相矣。

明季（**按：原作李**）徐樹丕《識小錄》：女子十五歲至二十五，補陽和血，美顏色，悅精神，節而行之，能成地仙；二十五至三十五，我施彼受，雖無裨亦無大損耗；四十以上能致疾。若天癸既絕，如枯株吸水，不異鬼交，殺身而已。男子精血少如膏雨，壯如露，令蕊嫩含滋，春芽吐潤；老大如霜雪，使紅顏萎黃凋謝耳。

彭祖習房中御女術，年八百餘。少妻鄭妖淫，以欲死。見司馬彪《莊子注》。可見妖淫敗道，而採補者終有潰決之患也。

曲周陳於階令桐時，有富翁子婦自父家還。明日，與夫臥不起，呼之不應。抉戶而入，煙撲人如硫黃。視之，則兩人皆焚，但餘一足。玉虛舟曰：焚砂石為龍火，焚金銀為佛火，焚人之火，是名慾火。佛言婬習交接，發於相摩。研摩不休，如是故有大猛火光於中發動。意其研摩之極，慾火熾煽，煽而忽焰，因以自焚。其不焚床笫廬舍者，火生於慾，異於常火。

傳謂男子割勢，婦人幽閉，皆不知幽閉之義。今得之，乃是於牝剔去其筋，如制馬豕之類，使慾心消滅。國初常用此，而女往往多死，故不可行也。

僧家祗律，首在戒淫。法秀道人嘗呵綺語，乃經典所載。三十三天色界欲界居其二，七佛皆有妻有子。如來為太子時，有三夫人，有六萬采女。上天之最尊者莫如帝釋，而采女多至四十三億萬二千五百人。娶修羅之女，以其美也。後與采女戲池中，女以告修羅，遂有戰鬥之事。閻浮王晝則治事，夜仍與采女行樂。又，佛所說男女情欲，有曰以相視為樂，以相有為樂，以相抱為樂。女以相觸為樂，男以出不淨為樂。其穢褻有甚於閭巷之所談議者，吁可怪也（《燈窗叢錄》）。

京師海印寺有喜佛，在殿後毗盧閣上。率一男子裸而弄數女人，足踐手揣，皆裸女。其法或元末諸帝房中運氣之術，教宮女為天魔舞之類。

廖鵬有妾曰四娘子，強尼私之，往來過鵬家如外家。或請屛妾去，鵬詭曰：善。但俗有一言，妻不如妾，妾不如偷，偷不如想。留此外間弄之，不愈於家之樂乎？寧殊喜。楊用修《武廟實錄》載茲事（**磯園稗史**）。

鄭康成箋謂美目倩兮，目上為明，目下為倩。亦既覯止，謂為男女交媾之媾。五日為期，謂妾年未五十，必與（**按：以文意看當作以**）五日為期。五日不御，故思其夫。言從之邁，言將自殺以從之。迂怪可笑。此詩所以一言以蔽，思無邪也。

易經，男女搆精，萬物化生，言致一也。蓋男得陽氣，女得陰氣，不搆精則陰陽之氣不和，不和便不致一。既以致一，則男子身中有女子之陰氣，女子身中亦有男子之陽氣，其氣和則其血亦合。古人滴血，亦有至理。不然父是一氣，母是一氣，生下子女同受父母之氣，豈不成了二氣？故天地必絪縕而後成天地，男女必搆精而後男女一氣。一搆精者搆有精氣，即所謂交媾。男氣通乎女（**按：原作男，據文意改**），女氣通乎男，氣既交通，血亦凝（**按：原作疑**）合，故夫婦亦可滴血。故父子一氣是先天，夫婦一氣是後天。後天功用，參配先天。易卦凡以陰遇陽以陽遇陰皆為合，而以陽遇陽以陰遇陰即不合。故兩雄不並棲，二女不和得。男女搆精，則陽氣直達於牝，由牝而前達於腹於心於舌於肺，由後而達於腎、命門、脊背以上於腦於鼻；陰氣直達於卵，由卵而前達於心、腹、肺、舌，由後達於腎、命、脊背、腦、鼻。中鼻、腦、舌、肺而灌溉四肢百骸，無處不到，始為交通，始為致一。若男與男搆精，則雖如閩中之契哥契弟（京中像姑）終身不二，而契哥之陽氣不過入契弟之糞門而已。糞門雖與大腸相通，而大腸之下竅謂之幽門，非大腸不開。若使陽氣能通入大腸，則大腸之糞亦必直推而下矣，有是理乎？大腸中臭穢粗濁之氣盤屈而下，陽氣即入大腸，亦不能上達大腸之上，更接受胃海中之飲食未化之物。層次推下，陽氣更無從上達。若陽氣可由大腸而入胃，則大腸臭穢之氣亦將時時沖入胃中，直達於口矣。惟大腸中專司輸泄，氣不上行，大腸下竅又有幽門關鎖，故契哥之陽氣止在糞門中停留時刻，仍在便時陽精隨之瀉出，萬萬不能上達於胃海，通於喉舌，而傳佈周身也。至契弟糞門既有幽門關鎖，即或稍通，而大腸中純是重濁臭穢下降之氣，又何來清陽之氣足以由糞門而上達於契哥人道（陽具）之中，而成為一氣乎？氣既不能交通，血即不能凝合，其理極易明也。

男女陰陽二道，各有兩竅。一名精竅，一名溺竅。溺竅達於小腸，專輸小便；精竅通於腎命，直透心、肺、脊、腦。溺竅惟小便時始開，猶之幽門必大便時始開也。若溺竅常開，必遺尿不禁矣。精竅則交搆時即開，形動與（按：原作興）發。男女陰陽之氣互相注射，俱由腹達心肺，由腎命達脊腦，不由溺竅。何慮小腸之輸泄乎。

徐枕亞改唐詩詠手淫云：紗窗日落間黃昏，金屋無人見膩痕。寂寞空床春欲浅，梨花滿地不開門。此詩僅改三字，語妙入神。壯青詠品簫云：裸將郎體赤條條，秋盡情根草未凋。夢醒藍橋明月夜，玉人湊趣學吹簫。又窺美人換中衣詩，不知誰作，雖涉淫褻，已描摹盡致。鑿壁偷（按：原作愉）光見素娥，素娥燈下易青羅。一身白似三冬雪，兩腿肥於八月鵝。挑腳劈開鸜鵒嘴，翻身露出鳳凰窠。令人頓起相思念，何不開門與我和。

《神異經》「東南荒經」云：東南隅太荒之中有樸父焉。夫婦並高千里，腹圍自輔。天初立時，使其夫婦導開百川。懶不用意，謫之並立東南。男露其勢，女露其牝（勢牝謂男女之陽陰。《御覽》牝作殺）。不飲不食，不畏寒暑，唯飲天露。

《漢武故事》內云，建元六年太皇太后崩，上始親政事。好祀鬼神，謀議征伐。長主自伐滋甚，每有所求，上不復與。長主怨望，愈出醜言。上怒欲廢，皇后曰：微長公主弗及此，忘德不祥，且容之。乃止。然皇后寵遂衰，驕妒滋甚。女巫楚服自言有術能令上意回。晝夜祭祀，合藥服之。巫著男子衣冠幘帶，素與皇后寢居，相愛若夫婦。上聞，窮治侍（**按：原作待**）御。巫與後諸妖蠱咒咀（應作詛）。女而男淫，皆伏辜。廢皇后處長門宮。

神君者，長陵女子也。先嫁為人妻，生一男，數歲死。女子悲哀悼痛之，亦死。死而有靈。其姒宛若祀之，遂聞言語。說人家小事頗有驗，上遂祠神君請術。初霍去病微時，數自禱於神君，神君乃見其形，自修飾，欲與去病交接。去病不肯，乃責之曰：吾以神君清潔，故齋戒祈福。今規欲為淫，此非神明也。因絕不復往。神君亦慚。及去病病篤，上令禱於神君，神君曰：霍將軍精氣少，壽命弗長。吾嘗欲乙太一精補之，可以延年，霍將軍不曉此意，遂見斷絕。今病必死，非可救也。去病遂薨。上造神君請術，行之有效。大抵不異容成也。神君以道授宛若，亦曉其術。東方朔娶為小妻，生三子，與朔同日死。自後貴人公主慕其術，專為淫亂。上曾出宮女希幸御者二十人以賜朔。朔與行道，女子並年百歲而死。惟一女子長陵徐氏號儀君，善傳朔書，善行交接之道。無他法也，受道者皆與之通。或傳世淫之陳盛父子皆與之行道。京中好淫亂者爭就之。

常被幸御者輒注其籍，增其俸秩比六百石。宮人既多，極被幸者數年一再遇，挾婦人媚術者甚眾。選二百人常從幸郡國。載之後車，與上同輦者十六人。嘗自言能三日不食，不能一日無婦人。善行導養術，故體恒壯。

《述異記》載，康熙三十一年京師有一乞丐，攜其子約八九歲，具兩陽道，並生胯下。觀者畀一錢。後不知流往何處。錢三曾見之。

男子下體曰燭營，而佛家名陰為馬藏。觀佛三昧經云，時耶輸陀羅及五百侍女或作是念。太子生世多諸奇特，唯有一事於我有疑。采女眾中有一女子名修曼那白妃言，太子是神人也。奉事歷年，不見其根，況有世事。復有一女名曰淨意，白言大家，我事太子經十八年，未見太子有便利患，況復諸餘。爾時諸女各各異說，皆謂太子是不能男。太子晝寢皆聞。諸女欲見太子陰馬藏相，爾時太子於其根處出白蓮花，其色紅白，上下二三花相連。蓮中忽有身根居童子形，又忽如丈夫形。諸女見已（**按：原作己**），不勝喜悅。現此相時，羅睺羅母見彼身根華華相次，如天劫貝，一一華上乃有無數大身菩薩手執白華圍繞身根，現已還沒，如前日輪。此名菩薩陰馬藏相。又佛告阿難，我初成道，在熙連河側，有五尼揵共領七百五十弟子自稱得道，來至我所，以其身根繞身七匝。來至我所鋪草而作，即作此語。我無欲故身根如此，如自在天。我今神通過踰沙門百千萬億。爾時世尊告諸尼揵，汝等不知如來身分，若欲見者，隨意觀之。如來積劫修行梵行，在家之時，都無欲想，心不染黑，故得斯報，猶如寶馬隱顯無常。今當為汝少現身分。爾時世尊從空而下，即於地上化作四水，如四大海。四海之中有須彌山，佛在須彌山正身仰臥，放金色光。其光晃耀映諸天。身徐出馬藏，繞山七匝，如金蓮花，華華相次，上至楚世。從佛身出一億那由他雜寶蓮，猶如華幢覆蔽馬藏。此蓮花一億，有十億層，層有百千無量化佛，一一化佛。百億菩薩無數比丘以為侍者。化佛放光，照十方界。尼揵見已，大驚心伏。佛梵行相乃至如此不可思議。此尤梵夾中奇語也（見《日貫齋塗說》）。

《列子》仲尼篇有句曰：設令發於餘竅，子亦將承之，注穢穴也（即屁眼）。亦同《瑜伽師地論》，謂陰莖為勢峰。又《素問》謂卵為睪丸。睪古臯字，皆陰別名也。《呂氏春秋》孝行覽，丹山之南，有鳳之丸。注，丸即古卵字。

堂邑縣一鄉農甫生時，陽長三寸。及少長陽長一尺。今三十餘歲，無人與婚。見《述異記》。可謂「巨勢人」。

周家產一洋犬，一山東犬。踰年，婦女聞犬吠甚猘，出視，見兩犬膠固。洋犬似不勝受，山東犬似緊迫欲死者，紅漲於面。僕杵擊之狂奔，山東犬斷裂死，洋犬陰閉死。又王某鉅賈僕挾主家婢私奔。兩情俱豔，情好踰分，縱慾太甚，病瘵。男女眷戀苦不能人，情火中燃，一日同死。下體焦灼，骨節寸枯，衾席無恙。先是有走無常夜夜入冥間造冊，言一條武青韋范氏次淫，罰為周齋仁家犬，苦其所欲死；一條王國恩牡丹淫，罰不暢所欲死。留心驗之，果然（節錄《揚州夢》）。

醫家書謂男子二八，女子二七而天癸至。蓋男子為陽，陽中必有陰。陰之中數八，故一八而陽精升，二八而陽精溢；女子為陰，陰中必有陽。陽之中數七，故一七而陰血新，二七而陰血溢。男子八八六十四，女子七七四十九，而天癸竭者，數之窮也。見《聽雨紀談》。

《真臘風土記》：國宮內中金塔，國主夜則臥其上，土人皆謂塔中有九頭蛇精，乃一國之土地主也。係女身，每夜則見。國主則先與之同寢交媾，蝟（**按：此字疑為衍文**）其妻亦不敢入。二鼓乃出，方可與妻妾同睡。若此精一夜不出，則番王死期至矣。男女身上常塗香藥，以檀麝等香合成。國中多有二形人，每日以十數成群行於墟場間。常有招徠唐人之意。番婦產後即作熱飯抹之，以鹽納於陰戶。凡一晝夜而除之，以此產中無病。且收飲常如室女。次日即抱嬰兒同往河內澡洗。番婦多淫，產後一二日即與夫合。若丈夫不中所欲，即有買臣見棄之事。若丈夫有遠役，只可數夜。過十數夜，其婦必曰：我非是鬼，如何孤眠？淫蕩之心尤切。

人家養女，其父母必祝之曰：願汝有人要，將來嫁千百個丈夫。富家之女自七歲至九歲，至貧之家則止於十一歲，必命僧道去其童身，名曰「陣毯」。蓋官司每歲此中國四月內擇一日須行本國，應有養女當陣毯之家，先行申報官司。官司先給巨燭一條，燭間刻畫一處，約是夜遇昏點燭，至刻畫處則為陣毯時候矣。先期一月或半月或十日，父母必擇一僧或一道捨錢與女陣毯，謂之「做好事」。蓋一歲中一僧止可御一女，聞至期與女俱入房，親以手去其童，納之酒中。或謂（**按：原作為**）父母親鄰各點於額上，或謂俱嘗以口，或謂僧與女交媾，或謂無此。但不容唐人見之。女子多先姦後娶，不以為恥。

真臘東門之裡（**按：疑應作里**），有蠻人淫其妹者，皮肉相粘不開，歷三日不食而俱死。余鄉人薛（**按：原作薜**）氏居番三十五年，兩見其事。

真臘地苦炎熱，每日非數次洗澡則不可過。入夜亦不免一二次。初無浴室盂桶之類，但每家須有一池，否則兩三家合一池。不分男女皆裸形入池，惟父母尊年在池，則子女卑幼不敢入，如行輩無拘也，但以左手遮其牡門入水而已。城外河中漾洗者動以千數，雖府第婦女亦預焉，略不為恥。自踵至頂，皆得而見之。唐人暇日頗以此為遊觀之樂。聞亦有就水中偷期者。水常溫如湯，五更則微涼，日出則復溫矣。《異域志》云，暹羅男子皆割陰，嵌八寶，人方以女妻之。真臘國女子九歲乃會親友，令僧作佛事，以指頭挑破女子童體，以血點於母額。十歲即嫁人。與其妻通，其夫即喜。

《誠齋雜記》：海人魚狀如人，眉、目、口、鼻、手、足皆為美麗女子，長五六尺。陰形與丈夫女子無異。臨海鰥寡多取養池沼。交合之際，不異於人。

前清遺老辜鴻銘好婦人小足，士林傳為笑談。大同婦女有清以纏足纖小名於當時，辜氏於此頗有心得。嘗謂婦人之足愈小，則重門疊戶愈多妙境。故大同所屬之地，男婚女嫁，多早於外縣，而重門疊戶，在他埠亦可以人功造之，即纏足之一法也。因發育之點，必悉集於一處，於是乎層巒疊嶂須鍾（**按：原作鐘**）於牝戶。身歷其境者，莫不悠然神往。有清纏足之令，實非虐政云云。由此觀之，人但知辜氏嗜癖在纏足，實在志不在此，固別有會心也。大同婦人陰戶重臺，地氣使然。纏足婦女牝皆向後，利於反接。

有狂生不信扶鸞之術。某夕鸞仙值麻姑降壇，生至密室潛書一封，擲壇請判。乩筆忽振，成要孤兒詞一闋。詞曰：立似沙彌合掌，坐如蓮瓣微開。無知小子休弄乖，是爾出身所在。狂生失色遁。眾拆封視之，大書一「屄」字也。屄，《正字通》曰布非切，女子陰也（有頑童戲書「卵」字於掌，以叩箕仙。何仙姑乩判云：似卯原非卯，如邛不是邛。仙家無用處，轉贈與尊堂。卵即男之外腎也）。

有齊（**按：原作齋**）叫化者，精於針灸。宦家傭婦暴死，延齊（**按：原作齋**）至，視傭婦少艾，大笑曰：伊夫何在？速呼來，尚可活。亟喚其夫至。針少婦之腹，並謂其夫曰：我拔鐵針出，汝以肉針（陽物）入，即無恙，否則活亦不久。其夫忸怩應之。果甦。齊（**按：原作齋**）對宦者曰：官何不謹於房事，而令少婦潛覷，致成欲閉耶？宦者愧謝之。有儒生亦姓齊，娶婦淫甚。瞥遇所歡，忽之不可，去之不能，徘徊門外，悶極而倒。齊針之愈。其夫羞恨，悉告之。齊笑曰：易事。其夫喚婦出謝，齊突前以針刺小腹下，婦驚，入室即病，人道遂閉，但能溺而已。其夫遠遊數載，即歸，其婦尚在室，已改行為良，家聲不墜。見夫歸，泣告之悔。尋言（**按：疑應作沿**）原穴反針之，人道復通。為夫婦如初，且生子矣。

按，古律有幽閉之法，以治淫蕩婦女。蓋女人陰內有羞秘骨，下之如閘，即不通人道。齊（**按：原作齋**）丐所行或其法也。但能閉不能啟，此古幽閉之苦耳。

一婦人病院（**按：疑應作陰**）中癢，不敢告人，苦甚。有一尼持藥一函至曰：煎此，洗之即愈矣。啟視之，乃蛇床子、吳茱萸、苦參也。

九為陽數。古人以二十九日為上九，初九日為中九，十九日為下九。每月下九置酒為婦女之歡，名曰陽會。蓋女子陰也，待陽以成，故女子於是夜為戲。

南方遇癩，乃有癩蟲。自男女精液中過去，故此脫而彼染。如男入女固易，若女染男者，亦自女精中出，隨精入男莖中也。若男欲除蟲者，以荷葉卷置女陰中。既輸洩即抽出，葉精與蟲悉在其中，即棄之。精既不入女陰宮，女亦無害也。此治療妙術（見《猥談》）。

《西廂記》豔冶絕倫。以「繡鞋兒剛半折，柳腰兒恰一搦。羞答答不肯把頭抬，只將鴛枕捱。雲鬟彷彿墜金釵，偏宜鬆髻兒歪。我將你紐扣兒鬆，我將你羅帶兒解。蘭麝散幽齋，不良會把人禁害。咍，怎不回過臉兒來？軟玉溫香抱滿懷。呀，劉阮到天臺。春至人間花弄色，柳腰款擺，花心輕折，露滴牡丹開。蘸著些兒麻上來。魚水得和諧，嫩蕊嬌香蝶恣採。你半推半就，我又驚又愛，檀口揾香腮」以上為正寫。以紅娘口中「他並投效綢繆，倒鳳顛鸞百事有。我獨立在窗兒外，幾曾敢輕咳嗽。立蒼苔，只把繡鞋兒冰透」及「你個月明纔上柳梢頭，卻早人約黃昏後。羞得我腦背後，將牙兒襯著衫兒袖。怎凝眸，只見你鞋底尖兒瘦。一個恣情的不休，一個啞聲兒廝耨（**按：原作褥**），那時不曾害半星兒羞。」詞之淫豔，以此為極。

《牡丹亭》：「則為你如花美眷，似水流年。是答兒閑尋遍，在幽閨自憐。轉過言，芍藥欄前，緊靠著湖山石邊。和你把領扣鬆，衣頻寬。袖梢兒揾著牙兒苫也，則待你忍耐溫存一晌眠。是那處曾相見。相看儼然，相（**按：相字疑為衍文**）難道這好處，相逢無一言。」「這一霎（**按：「霎」原作方框「□」，據原文補**）天留人便，草藉花眠。則把雲鬟點，紅鬆翠偏。見了你緊相偎，慢廝連，恨不得肉兒般團成片也。逗的個日下胭脂雨上鮮。」此則託於夢中，與《西廂》一般絕豔。至「單則是混陽烝變，看他似蟲兒般蠢動把風情搧。一般兒嬌凝翠綻魂兒顫。這是景上緣。想內成，因中見。淫邪展污了花臺殿。他夢酣春透了怎留連。拈花瓣閃碎的紅如片。」花神口中，與紅娘眼底，一樣蹊徑。

又曰：「哈嗽兀該毛克喇」，譯名不便明言，但曰：「要娘娘有毛的所在」。「帳蓮深擁，壓寨的陰謀重；你夜來鏖戰好粗雄，困的俺垓心沒縫」。另樣筆墨，寫交合之事。

舐讀若士，以舌掠物也。如《莊子》「舐痔者得車五乘」是也。餂音忝，鉤取也。如《孟子》「是以言餂之也」是也。故舐為動詞，餂為介詞。蓋引舌與物相接曰舔，讀作忝，上聲。有言「舐盤」者，應作「舔盤」為切。考舔盤之義，言驢（**按：原作駅**）子轉磨之時，回首見盤中糠覈，就磨盤眼中以舌掠取，以喻（**按：原作愉**）人有嘗春之癖者，初非盤盂雖空舐以解饞（**按：原作纔**）也。人有舐盤之嗜，實具犬性。《漢書》「狧糠及米」，狧（舌蟻切，與舓同義。以舌取食也。見《說文》）或作舐。在古本則書作䑛，此字從舌從也。而《說文》訓也字為女子陰。世有酸鹹（**按：原作醶，想為醎之誤**）殊嗜者，論其性則用狧為當，論其勢則用（舌也）為工。《說文》既訓也為女陰，竟有從舌從也之字，於以見古人必有得味外味者。諺有「郭歅餂口，淡而無味」之說，是作此說者，亦一秕之過來人也。吐舌萬里唾四海，豈大言哉？

「美人浴」詠者夥矣。吳梅村詞，有「皓腕約金環，豔質生春浸玉盤。曲曲屏山燈遠近，偷（按：原作愉）看，一樹梨花露未乾。」樊山詩有「薄晚郎歸綺戶扃，侍兒守戶立竮竛。鎖窗嚴密無窺處，時聽香羅蘸（按：蘸字原缺，據《樊樊山詩集》補入）水聲。」一實一虛，皆足消魂。洪昉思《長生殿》〈窺浴〉一折，〈鳳釵花落索〉（按：原作「鳳釵花一落索」，「一」字衍）曲，「悄（按：原作琑）偷窺亭亭玉體。宛似浮波（按：原作破）菡萏，含露弄嬌輝。輕盈臂腕消香膩，綽約腰身漾碧漪（按：原作猗）。明霞骨，沁雪肌，一痕酥透雙蓓蕾，半點春藏小麝臍。愛煞紅巾罅，私處露微微。」

瘦厂藏秘戲圖，怡府故物也。有一幀題小詞云，玉壺春煙露涓涓，三寸珊瑚撥欲穿。果然滋味到中邊。馥馥口中含煖液，尖尖舌上吐紅蓮。可憐相向互流涎。此幅繪二人床上嘗春，二犬蹲床下垂涎相視，狀極生動。

喇嘛教凡誦護法經時，例懸護法纛以驅邪。雍和宮藏有絲繡者八面，長丈餘，寬五尺許。其一名「地獄主者」，貌極獰惡。騎一青牛，下有裸女臥而交焉。神頸上繞以瓔珞，腰際圍以骷髏。小腹之下，掩以虎皮。揭而視之，厥勢翹然，極偉巨，殆歡喜佛中之嫪毒（**按：原作毒**）歟？無（**按：無字似不通**）纛極秘密，人罕知者。芸子與王君調查該廟時所親見者也（詳見《思無邪續記》）。

北京太液池上北海白塔鎮海佛，蒙古名稚麻達噶，亦歡喜佛也。惟此有佛公而無佛母，與雍和宮稍異耳。

四川井研廖（平）季平與長沙葉（煥彬）德輝皆為近代名流，且皆以擅長屈頸鷸息之法，著稱遐邇。惟葉氏偽託敦煌石室遺書作《素女經》一書，敷陳素女對黃帝所舉五女之法，津津樂道，不稍避忌。廖氏則諱莫如深，靳不語人。晚年雖嬰痼疾，猶眷一侍女，鑽□（**按：此字原缺**）弗已，洵異人也（廖自書大門春聯曰：人壽丹砂井，春深絳帳紗）。

佛書譬母之赤精為吐，父之白精為涙。《大論》云，身內欲蟲，人和合時，男蟲白精如涙而出，女蟲赤精如吐而出。骨髓膏流，令此二蟲吐涙而出。

婦女天癸按月一至，亦稱信水。

佛家語謂身上不淨之津液為惡露。《摩登伽經》，「有惡露中便生子」，語意即月經也。《本起經》，惡露自出，坐臥其上，醫家因之謂婦人經帶及產後淤血，統名惡露。

道家行氣之術，有內交法，美暢不減房室之樂，而無所損。

道家以五月五日為天地合日，夫妻異寢。見《天中記》。

二五之精，妙合而凝（周子「太極圖說」）。即陰陽相和也。

佛書謂四天王與忉利天之眾生，其婬事與人間界無異；夜摩天則勾抱成婬；兜率天以執手為婬；化樂天以對笑為婬；他化天以相視成婬（佛經中以男女之事，皆書作「婬」，不作從水之「淫」）。

玉莖強盛，以合陰陽。見《外臺秘要》引〈素女方〉。子求脊管高於頂，燭營指天。見《淮南子》〈精神訓〉。高誘注曰：脊管，下竅也。燭，陰華，管，其竅也。燭營讀曰括撮。《後漢書》「宦者傳」，論曰：皆腐身薰子。注：古者腐刑必薰合之。

《清異錄》：「四方指南海為煙月作坊，以言風俗尚淫。今京師鬻色戶將及萬計，至於男子舉體白貨，進退恬然，遂成蜂窠巷陌，又不止煙月作坊也。」男風於時已競。

《敝帚齋餘談》謂，明周汝礪好男色，無問姸媸，必求通體。蓋引司馬相如〈琴歌〉，「交情通體必和諧」語，謂媾合也。

母猴月水，名申紅，治乾血癆。見《本草拾遺》。

武則天以男子為妾。男妾之名，見李商隱撰《宜都內人傳》。

女愛不竭席，男歡不畢輪。見《鬼谷子》戒蘇、張書。

王世貞《史料後集》云，嚴世蕃常籍，有金溺器、象牙廂（按：疑應作鑲）金觸器之類。執政恐駭上聞，令銷之，以金數報而已。按「觸器」二字，「海陵王荒淫」（《京本小說》）亦有此說。俗所謂角先生，即從觸字得偏旁取義。《聊齋志異》之「藤津偽器」，即橡皮之角先生也。

《朝野僉載》：真臘國行房不欲令人見。交合曰行房，唐世已然。

陳姥姥，巾帕之別名也。《讀古存說》，詩無感我帨兮，內則注，婦人拭物之巾。嘗以自潔之用也。古者女子嫁，則母結帨而戒之，蓋以用於穢褻處，而呼其名曰「陳姥姥」，即嚴世蕃家所用「淫籌」也。故徐太室謂「野有死麕」為淫詩。

詠卵脬詞（金縷曲）云：假作鬚眉樣，問先生可知人事，纍然形狀。貌似雍容文皺皺，只合居中滉漾。枉自大空誇皮相。進退兩難門外漢，濕餘漿了卻風流帳。真作孽，孽成障。形如桃核雙仁釀，在登徒臍間胯下，猶能放浪。索性宮刑遭閹割，也便不關痛癢。有多少貂璫無恙。最是鰥魚情最酷，贅如旒到處難安放。泡弄影，氣空漲。

蹇安戲作〈贈褌中隱者〉詩曰：見說松林路，長為隱遯居。淵潛同蠖屈，冥漲待鯨呿。氣以昂藏異，才緣篤實儲。終須三顧力，一奮出茅廬。

又詠驢門曰：見設鬣叢險，今看鳥道通。袖邊推董相，花底憶秦宮。木耳能填壑，金鋤解鑿空。前魚如欲泣，不競笑南風。

非雲非雨起中阿，白鳥雙雙戲愛河。花塢迷離春並蒂，茅峰溪澗夜生波。金蓮吐舌如親吻，玉玦齊（**按：原作齋**）腰互切磋。從此掀開風月案，摩登新樣舞天魔。此詠磨鏡詩也。

玉鉤斜畔苔花碧，鴛鴦半蝕餘薌澤。匿笑背銀釭，羞人大體雙。郎心應所愛，故故教儂佩。密繫小紅兜，防他阿妹搜。「菩薩蠻」詠秘戲錢。錢藏李石孫手。

詠女陰詩最膾炙人口，以寫景之筆，掩鄙褻之形，誠絕唱也。詩曰：曲徑通幽處，雙峰夾小溪。簷前雨滴滴，戶外草萋萋。有水魚難養，無林鳥自棲。可憐方寸地，多少世人迷。古今從無一首詠及男陽，余戲仿之，亦作五律曰：天與風流具，從茲色可漁。諢名曾喚鳥，行貨可誇驢。妓女貪陽道（亦作偉），禪師感牝虛。禍根多在此，濮（**按：原作僕**）上有狂且。

或以唐詩二句鬥房，即「花徑不曾緣客掃，蓬門今（按：原作令）始為君開」，可謂妙手自得。「細草春香小洞幽」，射女陰亦佳。昔有八股截搭題，「君夫人陽貨欲，」妙絕謔極。

昔鄉試時有同舍生素相狎者，夜睡熟即銼牙。某以詩嘲之，有句云，「何處響諮嗟，聞君夜銼牙（下忘）。有鬼魂皆落，無人肉不麻。」生亦以詩答之曰：「越舐越希奇，居然舐過臍。全憑三寸舌，捲入兩重皮。味在酸鹹外，聲聞吮咂時。較之呵卵者，猶覺討便宜。」刺其隱事也。

「瘦寬肥緊痲多糞，白（按：原作自，據文意改）濕黃乾黑有油。」此掏糞坑者（即狎頑童）之秘訣也。

（按：下段突兀而出，疑有闕文）

此畫寬以尺許，長約咫餘。縑素似斗方之形，裝潢成分葉之式。左頁烏絲直格，凡十二行，不著一字，以俟題詠。右頁為畫，神采生動，樓閣中虛，若可提足。花木生香，不覺捫歷。每頁小印鈐紅，作葫蘆樣。篆文十洲。末頁有「仇英實夫製」五字。或謂明季武英殿供奉時所為，確為真品。或疑清初如意館畫士所作，進呈之物也。三千春色，如窺鏡殿之私，廿四番風，恰符畫屏之數。襲以錦篋，護以縹緗，丹青不渝，用筆柔美，縱其贗鼎，亦復可珍。余從太邱長裔，假觀三日，因作畫記，題曰（**按：原作日**）〈嬉春〉。

第一幅繪美女，紫貂抹額，薄施朱粉。著蜀纈袍，袒衣嫣紅，掩映領袖。腰支秀削，束以石青合歡之帶，雙趺（**按：原作跌**）隱月色倒頓中。坐麋綠竹椅上，左臂閣椅背，臨窗支頤而坐，面內顧，若有所思。右手拔玉釵，擬置於案，似夜深兀坐，倦欲卸妝者。面前橫雲石長案，上有一瓶一盂，書兩函，壺一具。金狻猊噴薄沉水香，曲項臺燃紅燭，猶未及跋。泥窗以冰紋碧紗，故窗外青石玲瓏，黃葉蕭瑟，皆了了可見也。足下躡盤龍彩色地衣，背後障有髹漆屏風，高倍於人，其寬約高之半。心繪花鳥，栩栩如生。屏前置秀墩一，狸奴去似未移時。室之右隅，安白石矮盆，中植短松，偃臥如蓋，徙倚文石。旁列古銅汲壺，几席精嚴。主人之風流可想。屏後斷以油綠隔，進而為臥內，惟象床左角露於外。斗帳流蘇，玉鉤低亞。餘無所睹，然床第間固空無人也。

第二幅繪一小閣，綠波環繞。閣之西面，設矮紅亞字欄，南面臨官道，有自在窗，碧紗護之，凡四扇。一扇獨開，有美人探身於外。美人雲鬟倭墮，鳳翹顫動，粉衫翠帶，隱足於閾。右手拈蘭一朵，作含笑態；左手扶窗，凝妝延佇。對岸桃柳雜立，一白面郎戴軟角唐巾，服藕色春衫，圍鞓紅玉帶，騎白馬，趨而過。馬神閑骨駿，金勒朱纓。錦障泥七寶轡，被飾甚華。望而識為遊春之騎。驕蹄踏芳草，若會主人心，嘶鳴不進。主人右手執珊鞭不即拊，回頭而注目於女，意殊不在馬。小奚奴負琴囊，隨馬後，亦偷（**按：原作愉**）眼暗形相。時值豔陽天氣，春風駘蕩中，起士淑女，隔河相（**按：原作袓**）望。語在修眉，兩情脈脈。盈盈衣帶水，不啻桃潭千尺也。傳神妙手，非實夫不能。

第三幅為張敞畫眉故事。庭院深深，有碧梧三株，依怪石而立。旁有鏤石花檻，內植雞冠，佐以翠石（**按：原作右**），苔痕侵階。雜以黃葵秋棠之屬，爽氣宜人，秋景滿目。男女各一，偎（**按：原作猥**）傍於簷下。左右對偶，其意相應。門懸玄紗幃幕，織蝴蝶成文。室中棐几瓷墩，歷歷可見。女高髻纖裳，首翹鬢朵，粉衫翠帶，端媚安穩。左手執青銅寶鏡，鏡背作蟠龍形，穿朱絲於鼻，繞指而擎之。面鏡外向。男烏巾淺碧袍，玉帶朱履，傍女而立。右手執象管，蘸香煤，調翠黛，方為婦畫眉。停頓霜毫，若相商略。女左手搭郎肩，愛而不媟。誠閨房之樂事也。

第四幅是冬景也，但纏繞春情，溢於紙上。室中惟床可見，月牖當陽。鋪綠熊錦褥，男女互擁抱，並肩坐其上。女黑巾金朵，紫貂覆額。著金縷之衣，坐於男懷。男為慘綠少年，風貌都雅。環臂抱香肩，又加兩足於女股而環夾之。院中卵石鋪徑，太湖石疊為假山，梅枝紅綠交加，如萼綠華與梅精呈妍鬥豔。貞筠滴翠，山礬孕玉，斑竹掩映曲欄間，宛然仙境。一雛鬟著錦半臂，一手提壺，一垂手攜皃藻爐，穿徑目逆而過，一若歆羨主人之清福不置。閱及此幅，能增伉儷情，不必生左擁右抱想也。

第五幅，一男科頭跣足，伏身長榻上。手持羽扇而忘揮，目注美人而不瞬。籐枕上覆以紅錦，棄置不復用。欹身若欲起者。湘簾四垂，頗有「深院下簾人晝寢」詩意。簾以外有梵字紅欄。太湖石秀立於側，雜植芭蕉芙蓉，綠大麗影，俗塵不侵。榻畔橫置春凳，衣裳凌亂褪置。一婦著對襟凸袖碧紗小衫，面外向立案前，舉手理髮。一婢弓腰就近，為之緊褌。帶圍已結，上繫紅錦香囊，餘香猶在。案上鏡大如盆，欹倚於架。頳玉盤中，有花數朵，金鳳釵一支，鳳口銜珠串，綴以火齊。又若晨起未粧。地上置金獸爐，焚蘭椒而未盡也。畫屏八尺，上繪山水絕工。

第六（**按：原作八**）幅，室中鄴架一張，高閣牙籤玉軸，其下格庋粉窯膽瓶，紅漆詩盒，碧紗六角筠籠。前橫書案，金壺貯水，玉碗承漿。蟾足之盂，鴝眼之研，道書一函，旨酒一尊。匣藏澄心箋，架懸提梁卣。臥湘管於珊瑚筆床，鋪玉版於青玉書案。案前竹椅，坐一書生，欹身向外，正挽詩婢之手，一手摟其肩，持之甚急，婢力掙不得脫。書架畔小凳上置朱履一雙，旁有門可通，垂以簾。有一少婦，方搴簾潛覷，趑趄不前。醋娘子欲與酸秀才，將同食楊梅矣。室端矮腳榻，有紅衣散亂於上，若婢所褪者。竹簾高捲，曲欄低亞，廊上高懸紅籠，豢一畫眉鳥。院中玲瓏怪石，桃花怒開，春意醉人，濃情溢紙。

第七幅，繪白石雕欄，植紫薇數本。池上柳絲拂人。假山畔，一女御藕花繡金衫，掛宮樣團扇於纖指。扇繪雙蝶，翩躚欲舞。憑石支頤，倦立如醉，凝眸癡覷，頰暈斷紅。蓋草間雙兔，黑者雄，白者雌，馬爬狗搆，伏背相交。是以諦視出神，情不自禁。不知一男悄出其後，蹲身地上，為女兜鞋。厥趾微抬，後跟將褪，尖紅一瓣，使人之意也消。

第八幅，室以紗屏中隔，屏上繡以花鳥。屏之左，有一案，置瓶一，爐一，香案一，餘香嫋篆。置繡棚一具，所繡之花蝶未竣也。屏右一榻，有美女倦繡而寢。赤體側臥，一腿微伸，一腿屈曲。酥胸掩以金呵，纖足著獨見鞋。雖有單被遮身，未能周密。一手托蝤蠐之頸，一手攀湘榻之沿。團扇墜地，午睡方酣。衣褪置腳後，似有餘熱。有男子悄然來，短衣無褌，潛掀其被，窺其私處。一足翹榻上，一足立於地，陽道翹舉，尚未魂銷真個。室右長几上，琴書文具，陳列有序。彼男斷非荒傖，故其溫文乃爾，不肯驚美人香夢也。

（9）（**按：括弧及數字據文意補入，方便閱讀。下同**）圖中繪一麗姝（**按：原作妹**），橫陳於榻。華冠未摘，錦被未薰，夜深花睡去，宛如海棠帶醉。四壁紗窗嚴閉。所畫山水絕工。我所思兮，水長山阻；望斷屏山之路，徒增惜別之情。惟倩趾離與伊晤對耳。室中陳一紫檀方案，嵌以大理之石。上置赤玉盤，盛佛手柑，及尊彝之屬。並有手卷一，香爐一，方瓶一。案前散置坐具。右壁湘竹小架，上列白石方盆，栽海棠兩三本。縢以文石。左壁有長榻，鋪龍鬚方錦之褥。麗姝即欹臥其上，手托香腮，和衣而臥。腳後被翻紅浪，亂疊如雲。榻畔一矮几，橫琴一張，雜以花插一事。白瓷荷葉小匜。烏漆小架上懸拱璧，几席精嚴。陳設均楚楚有致。窗外梅影橫斜，朦朧微有月色。室中沉沉暮靄，如霧如煙，曖如神居，極渲染之能事。麗人徘徊室中，瓌姿豔逸。一少年，悄立其後，拊背調戲，若逾牆而摟處子者。然細察麗人，絕似榻上所臥者。衣貌亂真，如孿子之相似。豈竟有分身之術歟？疑是倩女離魂，所繪盡夢中情景也。

（10）一美女臨案坐，揚玉臂，繞腕雙跳脫，益顯肌肉之豐妍。左手握髮，右手持梳，綠雲擾擾，靈蛇髻盤未就也。裁透體紗為衵衣，對襟凸袖，乳峰隱約金呵中。寶帶低垂，楚腰佩玉，面窗梳裹（**按：原作裏**），汗（**按：原作漢**）粉酥融。忽然回過臉兒來，因鏡中見可憎才躡其後。男褻服不冠，帖屐方輿，捧其玉頰，接之以吻。案上粉箱脂盝，寶鏡香奩而外，翠玉盎盛蘭花數朵，錦匣臥雙鳳之釵，待罷梳對鏡，準備簪戴者，當門置一短背榻，躭衣二領，蒲扇籐枕，縱橫榻上。其旁有矮紅桌几，置沙綠膽瓶，哥窯茗碗。門畔一天然几，獅爐銅盒，縈篆飄香；日漾罘罳，屏軒盡敞。綠天如洗，蕉映窗紗。院落中，徑鋪卵石，夾植玉簪花數叢。一婢手捧金盆，盛饋面之水，姍姍自外來，停步偷相，神情活現。

（11）一女醉臥繡榻，紅玉頹然。一婢舉紬被覆之。榻後有月牖，栽明玕數枝，可通月朗。室內高懸琉璃九蓮華燈，光燦四壁。綠紗話私，橫隔中央。掛□（**按：此字原缺**）上采繪鳳凰牡丹，華麗無比。榻畔架盆梅一株，蜷瘦倚文石。更有一方案在畫障前，杯盤狼藉。雪白狸奴，踞案嚼殘胔。酒杯欹覆案角，勢將墮地，無有知之者。屏障之右，放一太師椅，有衣帶搭椅背。一女郎坐於上，面目姣好，妖冶動人。披短衣，露酥胸，裹紅袜腹，下肢無褌，脛股妍膩如彎藕。膝衣倒剝，蓮鉤高舉，私處渥丹，如蛙曝日。男子亦披小衣，褪褌腿際，趿抱香木屐，手舁女足，舉陽欲投。椅旁一水盆，紅架銅洼，蘭湯瀲灩。巾帨之屬，襯墊尻下。殆浴牝後偶然動興。回顧沉醉之美人，羅襦初未解也。應悔魔漿，誤入燕婉。

（12）紅蓼媚水國之秋，青荷容中婦之鏡。煙波浴月，雞□（**按：方框為原文所有**）雙棲。湖濱遠處，一漁舟艤楊柳岸，鷁頭橫竹竿，紅衣颭風。船腹有篛篷覆之。船娘趺坐其下，青衣纏頭，年事正少艾。袒胸露乳，方嗚兒懷抱中。其夫偎婦委坐，兩相調笑。神情互屬，意不在兒。另一漁船泊近處蘆葦間，黃竹為篷，曬網於上，夜未收也。魚一罾（**按：原作曾**），半納水中，而繫諸榜上。船頭殘魚一盤，村醪一器。壺中空，杯傾覆。魚婆肌理尚潔白，額覆青紗，野花簪鬢側。上衣半袒，仰臥船唇間。豐趺天然，披肢高舉。身下藉以蓑衣。一漁父鬑鬑有鬚，酡顏作醉態，俯而與合。兩脛多肞，筋肉僨（**按：原作憤**）興，望而知為力壯。婦舞尻承迎，奮力肉搏。畫理生動，此幅最工。由絢爛忽趨平淡，野趣橫生。

（13）此宮人望幸圖也。金爵觚稜，隱隱於香煙縹渺中，如五雲樓閣，可望而不可即。復有翠柳如煙，紅牆繚繞，春風香徑，花木扶疏。沉香停畔，有美一人，梳嫽俏鬟，顰遠山黛，鬢插像生花朵，作內家裝束。曹衣拂水，吳帶當風。胸以下別束繡裙，裹之至地。足履有絇（**繞**），光生玉步。纖腰剩帶，楚宮瘦損人也。獨立閑階，憑欄遠望。幽怨之色，見於眉宇（**按：原作字**）。亭外三面臨水，珠簾拂地，鎖銜金獸，水滴銅龍。路斷昭陽，無非見嫉；人歸永巷，難得回心。買賦不惜黃金，題詩枉傳紅葉。曲曲春情描出，姍姍骨像圖成。寫宮怨於生綃，誠丹青之能手也。

（14）涼月如鉤，斜掛簷際。庭中秋花競絢，惜無人賞。小亭一角，前置黃籐胡床。有一婦人，婉然仰臥，姿容豐豔，活色生香。寶袜遮胸，肌膚若冰雪。肢體合度，骨肉停勻。頭上鴉盤已散，釵鳳驚飛，其欲情濃動之態，覽者莫不魂銷魄越。男亦裸裎，盡置身於其上。顧女不以為重，分披兩股以迎之。一足勾男腰，一足按男尻。下體膠黏，連根盡沒。男子美如冠玉，以頰貼於蝤蠐香頸。掩映愈彰，益引人之目。察其口噤色戰，知已恰到酣境。緊抱軟偎，不敢以己意進止。氤氳之樂，各現於眉目手足之間。籐床畔有棐几，堆衣帶並茗碗焉。

（15）敞廳外松桐交翠，湘石侵苔，曲闌界之。院中鋪石卵作回文錦，平潔無纖塵。燭臺卓立簷下，籠以琉璃，中燃蠟炬，光射四廂。其旁置一短榻，竹簟鋪秋，全無暑氣。男子倚隱囊裸坐，解衣槃礴。盤左腿，右足下垂。一少女身披霧縠，肩背皆見。解繡裙，褪羅袴，纖足抵榻沿，展皓股翅跨男身。面相對，舌互咂，揚玉臂圍男頸。男兩手緊抱柳腰，若助其搖盪者。時兩根已合，玉臀起落，取柳下坐懷之勢，得醍醐灌頂之歡。玉骨冰肌，渾忘暑熱，尤雲殢雨，不藉衾裯。諦視少女風貌，其為歌姬侍妾也無疑。

（16）室中隔以香屏，滿繪折枝。蟬翳調粉雙鉤，彩痕舒雲六扇。鴛儔春銷，鳳侶羞遮。其旁有門通曲榭。屏側橫陳書案，上置書一函，茶一甌，芍藥一瓶。曲項臺然樺燭，紅淚潸流，綠煙輕颺。近案支湘竹床，懸粉紗蚊幬，光明無礙。男仰臥，陽舉如檣立，張脈僨興，急色之情如見。伸手撫女乳，食指陷於顫酥。女褻衣盡弛，履（**按：原作複**）舄已褪，肌理瑩潔，通體如築脂刻玉。下肢皆著脛衣，上以錦帶繫之，雙纏不露。此種結束，即楊妃藕覆之遺製也。臥左膝著席，而豎其右膝，故私處擘裂，如蛙之含珠欲吐。陰髮茸茸，玉戶豐腴，誠珍牝也。轉軀向外，一手褰帳，冰紋乍卷；一手揮扇，將滅燭而就寢。此幅雖屬尋常情態，而紙上春氣盎然。

（17）一室臨池而築，有月門通於外。園中頗饒花木竹石之趣，綠波澄清，魚戲蓮葉間。佈局清幽，令人神往。室之中，橫陳青玉案，有夫婦對弈，以消永夏。婦豐豔玉映，御淺桃單衫，禿袖露出柔荑，玉指纖纖，拈黑子猶疑未下。劫深圍匝，龍虎方爭，暗運心兵，深思不決。夫則不冠不襪，右手納奩中。背後立一侍（**按：原作待**）兒，豆蔻嬌癡，玲瓏心性。潮醉春風之臉，能誦秋水之篇。團扇頻揮，生綃映面。男左手背於後，握婢之手，屈食指搔其掌。小鬼頭春心已動，含笑而凝睇。目光注婦面，心旌搖搖。防為婦覺，男意不屬於楸枰，惟專注於暗中摸索（**按：原作素**）。臨窗一几，上置古瓶，插手卷二軸。一瑪瑙盂，中空。旁橫洞簫一枝。烏木小架上繫珩璧。右壁下橫置小榻，其旁支小几，有花一瓶，佛手柑一盤，杯壺各一事。

（18）夜怯涼更，星河皎潔，蕉分綠色，濃罨（按：原作（上雙口下奄））窗紗。菊黯黃英，燈移交網。花紋槅外，一婢斂読（按：此字疑誤，當為「息」或「氣」）窺春。隨其目光內矚，則見臨窗置一榻，榻畔有紅漆小浴盆，蘭湯猶溫，綃巾尚濕。婦人小浴後，去未移時也。榻上錦衾角枕，臥一美婦人。雲鬢已鬆，羅襪初剗。蛇首不著山枕，衵服既弛，皓體呈露。頳酥豐圓，寶袜不掩。丈夫寸絲不掛，伏身於上。女披兩股夾其脅，移枕墊尻際，則中權隆起，素足雙翹，高出人背。脛寬藕覆，軟玉鉤香。二根相交，兩體不間。男腳隱被中，如雲亂疊。有猧兒不解事，蹲身畔，見被中男足蠕蠕動，以為鼠也，噙被角而以爪拍之。

（19）羊羔美酒，党家自擅豪華；奧室鳴琴，宋玉未能放誕。斯關命意，清雅絕倫。庭中積素皚皚，與翠柏丹楓，相映成趣。太湖石畔，天竹叢生，結子纍纍，若珊瑚顆。兩侍兒曝背簷下，一坐一踞。坐者視端容寂，微睨室中，若待命而趨。踞者手撫紅泥小火爐，方以雪水烹茗。皆秀外慧中，不減康成詩婢也。室中置檀根七寶榻，上覆鹿皮褥。有慘綠少年坐其上，豐神昳麗。擁美人加諸膝，舉杯勸之酒。女狸帽覆眉額，著麝香金縷衣，美而不佻。地鋪華罽，設銅壺於中央，投矢為觥政。二矢貫耳，五矢委地，入不出者凡二。有貂冠紅衣美人偎男立，以手指點，目注彼姝（按：原作妹），若示罰其金谷酒數也者。薰爐中然獸炭，壺倚爐畔，酒待重溫。榻後一几，盂貯旨酒。榻上亦支小几，略陳肴饌。際此快雪時晴，不愧雅人深致也。

（20）青松綠竹，繞以梵字紅欄。庭院深深，屏山曲曲。窗外冷露無聲，月浸叢桂。兩侍婢手姿楚楚，加錦半臂，一捧食盒。其一提壺擎紅紗燈前導，蓮步款款，穿花踏月而來。室以內臨門設寶榻，黼帳不張。有婦人美而豔，玉體橫陳，欹倚玫瑰枕函。纖手擁髻，伸右臂擁男子肩。男赤體擁婦背，翹一腿加婦股，迴指戲弄神潭。婦肌理豐瑩，乳陰畢見。遷延相就，蕩情於枕席間。榻背櫂為衣桁，有長案橫於後。香冷金猊，光煇猛燭。龍鬚八尺，天氣初涼。此際此時，正堪汗漫於閨薄也。

（21）璇閨窈窕，秋夜方長，青瑣（**按：原作琑**）窗捲起珠簾，素女圖橫陳玉案。金蓮花炬，照室光明，綠蟺新醅，盆蘭茁箭。當中安碧紗幮，有鴛侶正行於飛樂事。諦視伉儷，姿容皆絕妍美。男並膝仰臥，曲雙股如弓；雌來乘雄，白身據其腹，跪左膝，屈右股，素手握靈柯，而㬈就之。四肢紅玉，軟若春慵，神醉眼餳，殆披圖共玩後，春心蕩漾，情渴難勝。幮外兩雛鬟，豆蔻年芳，嬌憨可掬，蜷伏地衣上，托頸潛窺。相顧以目，互竊竊掩口胡盧。室以外雲根亂疊，蕉心乍舒。萬竹（**按：原作個**）琅玕，搖曳窗下。玉階露冷，金屋春生。已涼天氣未寒時，正宜求燕婉之好也。

（22）粉篁周匝，翠石崢嶸，沼上白鶴，雙棲水際。紅蕖爭豔，假山如屏，圍以欄楯。

前立一鶴，上距欲瞑。曲闌臨水，有藤榻橫置其側。一鶴即立於榻前。晝日垂簾，園林閑寂。蠣牆開月洞。有美人兮，手姿綽約，蛾眉淡掃，鳳眼惺忪。裹（**按：原作裏**）透額羅，戴金花朵。越羅小袖，香蒨新裁。跨坐洞間（**按：原作問**），一足垂外，弓彎紅瘦，影俏凌波。一丈夫側身立洞外，當暑袗絺，科頭跣足，著犢鼻褌，躧（**按：原作曬**）屣相接。溫香在抱，忍俊不禁。女姿態矜持，素手扶郎肩，迴翔欲下。

（23）小園中桃紅柳梯（**按：「梯」字似不通，然按常用成語作「綠」，則字形、字音皆相差太大，未敢徑改**），春光豔冶。小橋臥水，高閣齊雲。波如簟平，雙眠白鷺。人跡罕至，靜悄（**按：原作稍**）無聲。假山石洞中，有男女方相戲。鋪裙藉草，女倚身石榻，以手拄地。羅襦未解，薌澤已透酥胸，繡褲半弛，規圓惟露皓股。雙彎閣肩，紅尖勾頸。男褪褲跪地，緊抱纖腰，俯察進退之概。其旁籃覆花翻，都無人管。觀其幽歡草草，必是狡童怨女之佚行。獨怪庭院深深，竟無打鴨驚鴛之惡劇。與人方便，應感畫師。

（24）有亭翼然。倒影方（**按：原作芳**）塘，菰蒲叢生。鴛鴦戲於下。竹欄缺處，石樑通焉。亭外支布篷以障赤日。柳絲不動，午熱可知。紅欄杆上，搭衣帶一襲。美人支頤憑闌，翘一足抵瓷墩。身著素羅衫，下體無袴，玉瓜遠聳。一男子袒裼裸裎於其側，淺嘗而止。含英咀華，不盡其器。其旁有琴几一張，玉盂貯冰，金壺瀹茗，而瓶中更插一玉麈（**按：原作塵**），用意雙關，畫妙入理。

偶檢篋得蠼蝯同志早年惠稿，有云，從廢紙中，得近人筆記草稿一則，言浙西某氏，家藏元人畫二幅。其一為宋太宗強幸小周后圖，「后戴花冠，身盡裸，兩足猶著紅襪，襪僅及脛之半。五侍女扶掖之，一人擁其背，足不著地。太宗以身當之。后至羞怯，閉目掉頭，以手支太宗頰，作格拒之勢。」有元人題句云，江南剩得李花開，也被君王強折來。怪底金風衝地起，禁園紅紫滿龍堆（意謂太宗漁色之報，乃在靖康女真之禍也）。按小周后失身於宋，與花蕊夫人入宋宮事，同為歷史上之疑案。野史雖有賜牽機藥之說，又謂小周后每隨命婦入宮，必留侍數日，出則與後主反目，後主宛轉避之。然其說能徵信與否，正未可知。就令有之，而此種猥媟之狀態，又孰從而寓目者？亦好事者為之耳。

又其一為宋人嘗后圖，「繪宋將環嬲金后之狀。一婦裸跣，數人舁之。人皆甲胄（**按：原作胃**）帶刀。惟一大將，裸身就之，更為一人所掣，不得近。又有持足帛襪履，袒衣相追逐者。圖凡十有九人。」其題句云，南北驚風，汴城吹動，吹出鮮花紅董董。潑蝶攢蜂不珍重，棄雪折香，無處著，這面孔。一綜兒是清風鎮的樣子，那將軍是報粘罕的孟珙（按：原作琪）（蓋指宋元滅金時事也）。按元兵入汴，殺金二王及族屬，而送其后妃於和林，事在宋理宗紹定六年四月。是年十月，元兵圍蔡州，孟珙（按：原作琪）始率師會之。方破汴京時，孟珙初未與也。惟按圖繪及題句，似欲藉為靖康被虜之帝后，一吐其冤憤之氣者。

靖康之難，金大元帥粘罕入宋，虜王妃帝姬多人以行。康王之母韋姬亦與焉。二帝北行，惟兩后與俱。朱后青年，騎吏數侮之。有骨碌都者，嘗伺后於畦間，便旋，突前促（按：疑應為捉）其臂曰：能從吾否？后驚泣而病，不能乘馬，骨碌都挾之，同騎一馬以行。夜間后病甚，骨碌都以手摩其腹曰：爾強強，爾強強。其無禮如此。及渡黃河，元帥之弟澤利，又數侮后，至使度曲以侑酒。至燕京，后益羸憊，足創不能襪，遂徒跣。監者背負以趨，兩手持后足，無禮尤甚。每讀《南渡》、《竊憤》諸錄，輒為悲惋不已。按，孟珙報粘罕之說，於載籍無徵，彼為此圖者，殆誣蠛之，以為快耳。嗚呼，怨毒之於人甚矣哉。

黃帝御三千六百女而成仙，此說見於道書。後人祖為採戰之術。商丘宋生，好長生訣，或以採陰補陽之說導之，生大惑，廣置姬妾，日夜嬲戰。一日與雛姬疊股榻上，有道者直詣榻前。生叱曰：何來野道，闌入我室，窺探房幃私事？道者笑曰：男女大欲，王者不禁，何諱言也。生怒不解。道者曰：君如欲觀，請於掌上布橫陳之戲。生諾之。道者即開左掌，大如葵扇，排列合歡床九張，僅寸許。海紅帳低垂未卷，銀鉤戛響，細如碎玉。聞帳中孜孜嘻笑，雲雨聲約略可辨。俄中央一帳，左角半啟，伸女子蓮鉤一撚。雖小如蟲臂，而鞵襪膝衣具備。右首一帳中小語曰：卿勿效彼嬌惰，且抬上玉山，試看兩峰高並也。又一帳中格聲微笑曰：好個強作解事。腰下芙蓉枕，要他作閑客耶？又一帳中曰：偏師橫搗，畢竟壓股欲斷，何如我背水陣法？四帳中紛紛聚訟，而左首者悄然不語。中央一男子赤體下床，揭其帳視之，盡白藕**（按：原作藉）**勾肩，丁香塞口。因拍手笑曰：病渴兒消受華池津液，無怪其半舌不展也。右手者聞之，爭來強曳曰：鴻溝各據，有何意味？且互張旗鼓，以決背城一戰。於是各曳女子下床，九男子一絲不掛，翹其具銳於蠆尾。九女子散髮裸裎，紅巾罅裏，陰溝渥丹，開如半椒。競撤床襪，鋪百花氈尺許，交錯而臥，似九對蟲蟻，往來蠢動。迴巧獻技，盡效道人掌上。生正凝眸諦視，道人瞥開右掌，一惡鬼約八九寸，騰躍而出，竟登左掌，連捉而啖。條條粉股，蜿蜒齒頰間，咀嚼移時，骨肉都盡。繼探喉一吐，十八骷髏紛紛墮地。出腰間索貫之，如牟尼一串，懸於頸上。投道人袖中而沒。迴視雙掌，了無一物。道人笑曰：橫陳之戲，君觀之乎？

生問若輩何人，曰皆如君等，以採戰求長生者也。問惡鬼何名，曰此尺郭即婬魔也。仙家以清心寡欲，得臻上壽。若於慾海中求仙，淫魔一起，非以求生，實以喪生。君幾見九轉爐頭，盡煉慎恤膠為續命丹哉？生大悟，拜求仙指。道人曰：我非仙何能授汝？書十六字示之，拂衣而去。生讀之曰：內火不生，外火不煎。以水濟火，是以永年。云云。《諧鐸》曰：昔黃帝訪道崆峒，廣成子曰：無勞爾形，無搖爾精。無俾爾思慮營營，乃可以長生。然則鼎湖仙去，亦從清淨中來也。御女成仙，乃文成五利輩藉以惑漢帝者。美人度厄神仙藥，今安在哉。茂陵風雨，悔之晚矣。

燕之兌方，有觀曰金岩。雲木明秀，禪舍清幽。一道姑，名淨心，住持其中。齒逾不惑，而風流自賞，盛為拂拭，見者豔之。能坐香療疾，兼善符藥。人以病求療，輒命長跪，自結跏於上，面置金博山，中焚異香。視其煙縷縷上騰，數尺不動。良久乃變幻，或 縵如雲，或佶屈如蚓，或挺直如繩，或繚繞如篆。若草書，若花朵，以定病者之死生，愈之遲速也。時或握訣，書符水中，置藥盞內。口喃喃作咒語，病者吞之立瘥。一時爭傳，號為金天聖姥，遠近煽動。四方男女，肩摩趾錯，哄若城市。施捨金錢，日以千計。有僉人伴石者，善造園亭，挾其術遊諸巨姓富商門，屢至觀瞻眺。睹淨心貌姣好，曰：此奇貨可居也。厚為檀施，往來遂稔。

一夜叩觀戶，童啟而入見。淨心曰：暮夜何來？曰：仙姑不欲大叢林富金玉被綺繡飫膏粱而役妖嬈乎？曰：奈何？曰：此地遠近大姓，吾以締搆事，習若家人。固不難鼓儀秦舌，俾泥首法座下，出其子女玉帛，奉之几筵耳。第大廈之成，支非獨木，必獲如意珠，術乃得施。曰：其珠安在？曰：非遠也。裴航搗藥，彩鸞鬻書，登仙者豈必孤立而無偶哉？相需以成，慧心人應計之熟。淨心微笑凝睇久之，曰：姑坐此啜茶。目童出取，伴石遽前擁入複室，遂相綢繆。因倩工繪淨心狀貌，多為粉飾，珠冠玉面，豔若神仙。並偽造其出身流源。云本九天神女謫凡，度脫大千一切眾生，道成白日上升。人苟信心皈依，不第卻（**按：原作郤，當與「卻」混淆而誤**）病延年，當如淮安雞犬矣。廣為宣播，來者愈夥。淨心遂深居簡出，但以像示人。愚婦子望見泥首朝拜而已。有巨室某子婦，丰姿綽約，而性放誕，喜諧笑，二十而寡，以抑鬱致疾，醫療不痊。伴石嘗奔走其門，因乳嫗達之。婦亦久病，思得幽境，藉一遊目，爰盛飾車馬而來。入觀謁淨心，淨心為坐香施符。數日疾愈，躬來致謝。淨心姿致既佳，復妙語言，殷勤款接，頓爾契合。一日至觀，淨心延入臥室，婦舉目四顧，見窗瑣綺交，蟈紗霧鬱。圖書鼎彝之屬，蒼秀斑剝。榻左一山水巨幀，啟之，一門見，蓋複室也。金屏窈窕，繡幕深沉，鏤檀為床，雕玉庋鏡，有大家閨閣所不逮。婦坐床畔，玩其衾枕繡錯，璀璨奪目。謔曰：此誠仙境。但師玉體橫陳際，當午夜月明穿窗入戶，亦自傷碧海青天夜夜心否？淨心笑曰：方外人寸心作沾泥絮久矣。然每玩夫海天夜夜孤生者，轉不能不為之悔偷靈藥耳。笑謔方洽，婦倦態倚枕，忽覺觸手敖曹。出視之，闖（**按：闖字疑誤**）然一偽器也。因熟習，無復忸怩，第掩口睨曰：此非所謂春風上下狂者耶？沾泥絮固如斯乎？雖然自行自止，亦摧枯拉朽耳。爰以為（**按：原文如此，疑有脫誤**）。淨心遽起偎婦坐，耳語曰：婦人慧人也。吾輩鍾情，豈易蓮絲斬斷。茲固非我如意珠，要視所用之人如何耳，別有妙術。今晚矣，且耳目眾，某日可減從來一翫視乎？婦年少久曠，心動已久，至斯愈不自持，不覺兩頰暈紅，微應曰諾。遂告別，起身登輿去。蓋淨心有假子普照者，削髮為僧。少壯白皙，兼負嫪毒具。淨心與私，深嬖之。偶窺婦豔，求為地。初不許，普照以去要之，且稔婦多金，可藉以獲不貲，故相設謀誘婦，婦遂墮其術中。至日，婦果從一婢來，婢亦風格。淨心迎之，笑容可掬。婦與攜手行，戲曰：今夕何夕，皆當歡喜。第師昨夜當大難，得勿口燥舌甘乾否？淨心撫掌曰：良然。然吾朦朧中，聞有歌者曰：子兮子兮，或蒙我為朽株兮。今當去故而就新，其視我之可離乎否兮？各笑，吃吃不止。相將入前複室中，設齋而款其婢於他室。酒半，潛入迷藥，淨心舉觴勸飲。婦見酒色醇濃如琥珀，呷之甘烈殊常，遂盡一盞，頓覺通體煩熱。時方新秋，乃弛其外服，著白紗衫，絳綃繡襠，掩映於墨色方空裙中，朱舄翹如解結錐。淨心顧之笑曰：看夫人妙態，自恨無聊，庶藉魯酒得以一潤柔腸耳。夫人幸酌此盞。遽飛一巨觥來。婦一沾唇便覺搖搖無主，俄而暈眩，四肢軃於茵席之上，不能自攝。普照猛自後緘躍入。淨心指婦笑曰：此散花人禿廝果何福消受耶。乃掩扉出。普照亟前緩其衣。火齊初然，蚌津欲吐，遂恣意馳騁。婦雖覺，但四體如綿，任其媟狎而已。普照體既偉岸，復妙縱送，婦意良得。事方已，淨心突入跽而請死。婦攬（**按：原作攬**）衣起坐，垂首靦靦。半晌，歎而言曰：偶爾不檢，致落慾障。然渠故誰某耶？具告之。曰：成事不說矣，究當緘秘。普照進曰：唯恐夫人棄同朽腐耳，不然敢不沒齒。婦乃笑。良久，著衣理髮，呼婢徑去。自是往來靡間。遂拜淨心為師，出萬餘金俾伴石撤舊觀而新之，即施婢觀中為服役，以寄耳目焉。初，婦與官某妻契好，稱異姓姊妹，亦風流放誕人。因抱恙，婦往問疾，見其憔悴態，執手曰：曷為抑鬱至斯乎？彼金天聖姥，應手活人。且禪房花木，山水清音，尤足針起肓（**按：原作盲**）痌。妹寧無意乎？奴當不辭為導師。曰：妹固耳之久矣，苦乏同心侶。姊憐而救我，幸甚。乃擇吉命僕馬同往。比至，淨心適出，恰普照來，驟睹新好，神魂飛越。默計曰：安得此合之雙美耶。因與婦遙為目語，婦搖首匿笑，急趨避之。俄而淨心來，睨其人雖豐容消瘦，而弱不禁風之態，翩翩欲翔。既達來意，爰書符誦咒。俾服之，曰：三日當痊。於是拜受而歸。三日果愈。方其在寺也，睹淨心辭色撩人，意頗傾悅。及茲病癒入神，心悅而誠服焉。即浼婦先容，亦拜為弟子。周旋既密，普照相見稱兄妹焉，因遂與通。少婦偉男，喜可知矣。官妻家本世族，復膺膴仕，金玉之視，不啻泥沙。每至施捨無算。去金岩二里許有谷，竹樹薈蔚，雲物幽深。說者謂宜建剎，遂出資數萬，大創棟宇。既成，額以「顯慶」。亦留婢居守，意與某婦各建旗鼓也。於是鳥革翬飛，金碧相望，鯨鐘鼉鼓，朝夕接續於峰巒林薄間。淨心來往其中，高踞妙蓮花座，錦幔繡褥，珠幢羽葆，照爛雲霞，望者儼若天人。午前坐香施藥，士女坌湧，車馬騰遝。觀門內外，轂擊軫而頭排萍也。搆者，日以恒河沙數。金錢幣帛，川流而山積。而普照因一婦並通二婢，綢繆淪浹之外。凡有祈福豔婦，療疾雛姬，選色而交，揮金以誘。肆意淫媾，莫可紀極矣。淨心沾溉既多，貨泉充溢，爰令普照伴石輩，擇市肆之龍斷，大權子母。蓄積日益饒適。巨室怨家某，常蹈其隙不得，訪之確，暢然曰：今可擇淫婢之籍，償吾夙冤矣。乃首之當事，臚其種種不法跡，於是悉擒淨心等，嚴鞫之，一一吐實。搜其觀，金銀數萬，寶釵、金釧、綺羅、玩好、珍異之類，不可殫述。入奏，籍伴石家，並淨心普照置之法，二婦俱問如律。為金岩顯慶二剎，以成事不毀，別置住持。金幢碧瓦，巋然如舊云。

浮查散人曰：財色之於人甚矣哉。爾愛吾金玉，吾愛爾艾豭，相因而至，遺害無窮。不至身死名裂而不止。緊獨何歟。然村婦子往往中所貪而忘其忌，彼名門右族，胡乃喪節敗檢至斯耶。吁，世祿之家，鮮克由禮。信斯言也。世祿不幾不可為哉，人能思夫所以處世祿其庶幾耳。

文見《秋坪新語》，故宮週刊據以附入西山西峰寺案中。惟文內多殘缺之戲，又無原書可以校正，爰取己意，戲為補之。

武進許指嚴〈雍和宮觀秘密佛記〉曰：甲寅重到宣南，三月晦日，隨喜雍和宮。東面偏殿有秘密佛十數龕，以黃繡幕障之。予沙彌餅金，則去幕與觀。雌雄迭陳，備諸醜怪，伎巧百出，儀態萬方。優遊俯仰，升降盈虛，骨騰肉飛，傾詭人目。如觀大善殿畫樑，如入劫比阤國天祠，如參閟秘大喜樂禪，如鳩摩羅什之講經欲障，如功德經云，佈施八萬四千臥具，八萬四千玉女裸交，大猛火光於中發動，散入諸趣。所謂天女眷屬，皆豔如淨意，婬如妙意。根形之偉，有如尼犍繞身七匝而不醜惡。其合有如楞嚴經之鬱單越法，即所謂色濟者歟。想漢廣川王海陽之宮，南齊（**按：原作齋**）東昏之芳樂苑，隱僻繪事，莫有如此令人悇憛癢心者也。觀畢，復與沙彌購得金剛勇識像像（**按：疑衍一「像」字**）一鋪，乃乾隆年塑，塗金如新。像作金剛趺（**按：原作趹**）坐，采女跨坐而合。金剛雙手勾采女，采女一手挽金剛頸，一手舉法螺，仰首與金剛接吻，如甄鸞笑道論云，四目兩舌正對行道之狀。

瀋陽北郊，有古剎焉，喇嘛居之。內供天地佛。曩遊其處，匆匆一覽。後考其始末，備得其詳。清（**按：原作請**）崇德三年，以兵力征服察哈爾。有墨爾根喇嘛，以元代所鑄（**按：此處疑脫一「嘛」字。觀下文可知**）哈噶喇佛來歸。清帝遣喇嘛具威儀，迎供於瀋陽城西之寶勝寺。嘛哈噶喇，亦譯嗎嘎拉，即天地佛，實戰爭之神也。見於中土著述者，有鄭思肖《大義錄》，所稱摩睺羅者是也。佛居龕中，高逾常人。其軀略前傾，抱金剛亥母於懷。冠為彩幔所遮，無從見。像極魁偉，弛股而坐，披火龍黼黻之衣，袖長及肘，而袒其胸臆。首微俯，其眉揚，目光下矚，注女面作凝視狀。口微張，舌抵齒，玉面朱唇，殊不獰惡。兩臂出女腋下，互交於背。女花冠束髮，瓔珞被體，肌膚光潔，色若燐銅。揚面相對，妙目善睞，意似乞憐，又如獻媚。雙臂高舉，鉤固佛頸，纖腰束素，圍以金帶。兩股箕張，二根交接，男女四脛相並，膝臏相摩。方趾豐趺，四肢均有環飾。遊人好奇心甚，又以其為歡喜佛也，莫不諦視私處，指點笑謔。女面內向，下體膠固，臀圓若規，餘竅內擫，私處容半杵，兩瓣中分，堆脂墳肉。惟佛之二丸，隱不能見。細察有吉祥雲形之物蔽之，枷於玉莖之根。梵典以為人類及萬物自然界生生之本，均出於大神，故須崇拜之，即天地父母之意。我國道教，亦言人類生殖，出乎天地陰陽，儒家亦以陰陽男女，演為太極八卦。天地父母，理宜尊崇，若以為因降服魔女而現此相，則天地佛之名，又何所取義耶。導者之言如此，聞者不能難之也。

穆君遊法歸，得畫一頁。縱橫咫尺，纖毫畢見。畫中一牧師道貌岸然，正立壇上。面仰口張，目光上矚。舉右臂，駢兩指指天。左手自撫腹。髮種種頂已童。若為人祈禱。白衣玄裳，掀其裳之臍，厥勢翹露於外。有一處女跽其前，頂花冠，披露縠，裙翻於腰，皓股呈露。以櫻唇接其勢，左掌承其丸。更有男子平臥地衣，首出女胯下，抱女之股，以舌舐其私。男之陽，復為一紅裳少婦握於手，婦聳股曲躬，俯伏男膝而吮之，花冠搖搖欲墜，不暇顧也。婦之後，有一鬚髯丈夫承之，褪裩反接。婦股際水涓涓流，備極酣暢。此人手捧婦股，目注牧師，舌伸唇外，若咽饞涎。男女四人，鴛鴦顛倒。壇旁立一武士，鶡冠戎服，左手執長槍，纓以上，一偽器；右手自出陽具於襠，正作非法淫。其左立一文士，鞠躬向壇，以手杖自弄後庭。神情與他人不屬。此外無數男女，皆自褪其褌，聳股向內，陰陽二根，悉歷歷可見。牧師背案而立。案上供一物，大如人。審視赫然男陽之型也。其巔豎一赤十字架，左右列猛燭各四，畫之額，題法蘭西文，譯為「循環之乘法」。背亦有文，略謂男女交合，為大歡樂事，因此眾妙之門，生生不息。然後有人民，有社會，有種族，有國家，以至成為世界。此殆古之喜歌耳。

比丘尼無我嘗自寫通體小象刻石，蜺本作一小橫幅。其右端有石兀立，高與人齊。皴作蔴皮，形如鷹座，旁有平石浴床，苔花點繡，而石面平滑甚，可容橫陳。比丘尼（**按：原作比專**

丘尼）赤身臥於上，面目欹側向外，酥胸正仰。圓顱方趾，乍視不辨雌雄；玉骨冰肌，轉憶同斯妍潔。雙眸盡闔，午睡方酣；兩頰欠豐，花容欲笑。其左（骨爰）上曲，跨於石背，下體分弛，乳陰畢現。後襯芭蕉六本，意取六根清淨。鳳尾參池，綠天如洗。大好寸絲不掛，照見五蘊皆空。無我尼師，誠無我相矣。其左角自題一偈，字體作今草。偈曰：六根淨盡絕塵埃，嚼蠟能尋甘味回。莫笑綠天陳色相，誰人不是赤身來。款無我，下鈐小印。識為已字。其人放誕風流，過於魚元機輩。

影戲昉自宋代，始於阜陵。《都城紀勝》詳記其製。今之灤東渭北，猶擅此技。影現於繒上，人唱於幕後者是也。《武林舊事》云，影戲社名繪革社，乃以彩繪人物，牽絲動作耳。今泰西之法，淫巧異常，以電攝影，映於銀幕，山川人物，一切如生。晚近科學日進，窮極奇邪，不但對影，且可聞聲矣。余生平雅有此好，時涉足於其間。某日，有友來醵金，言將映影於某家，納洋泉二餅，得一飽眼福。於是欣然應諾。及期，夜涼如水，散置藤竹坐具於庭除，張幕一如影院。有伉儷偕來，有挈愛人共至，更有挾妓同蒞者，視之皆熟識也。燈光既滅，影俱入目。始演競豔賽美諸會，燕瘦環肥，各盡其態。彼美人兮，西方之人兮。繼為歐美電影明星家庭生活，悉燕居情景。有入浴者，有游泳者，有春睡者，有跳舞者，有喁喁情話者，然皆袒裼裡裡，或相接唇調戲。繼而各國婦女，現身登場，盡態極妍，如入眾香之國。顧其人亦強半赤體，就中以蠻族二女，最為奇異。一女黑腯如媢豬，僅有腰圍以流蘇遮私處。獨居長林豐草中，揚臂祈禱，狀類女巫，作種種神舞。俄見草中一大蛇，蜿蜒近前，繞其身數匝，以尾插入陰道，女遂仆地若僵。又一女身材修碩，肌理光黑。胯下有物如菌，而大約數倍，其柄粗而微曲，插入廷孔，外部只見其蓋，類似中國芝形之如意，殆為裝飾物也。髮被兩肩，跽善廚上。有丈夫施施自外來，投幣神龕，遂挽女手，就地而合。女拔去芝形之物，欣然受之，誠不知是何殊俗也。我國婦女，則先有一蒙古婦人，騎馬獨行荒漠。驚沙白草，四無行人。忽一丈夫馳駿逐之。洎追及，蒙婦便下馬仰臥沙磧上，以袍自遮面，一任追者輕薄。既畢事，追者揭其袍，意欲一睹顏色，婦忽抽匕首猛刺之。男負創上馬立奔，婦亦逡巡馳去。又一漢族妙齡女郎，披氅衣，乘飆輪，至華廈前，降車款步。及閾，自褪外衣，擲侍女手，則瑩然裸體。當中立一鏡屏，春光洩露，不僅見其項背矣。演至此，幕閉。燈復光明，嘻嘻咄咄，互相驚喜歎絕。十分鐘後，繼續放映。先是一華婦姿首尚不惡，然望而知為珠江產。地鋪竹簟，赤身坐於上，與男子共飲汽水，並作種種狎褻狀。飲罄，即取瓶頸以代藤津偽器，迭為出入，男亦弄之，以為笑樂。忽焉將此婦私處，放大至百倍，愈多愈近，殆滿銀幕。至大無外，疑若篷門。座客觀至此，莫不嘩笑。男復舉其勢，初則疲軟，愈弄愈堅，側擊旁敲，點頭作蛙怒，於是座上女賓，善作態者，爭掩面若不勝羞，然無一人離座走避。或且於指縫中潛窺，更有握空拳作圈，以代望遠之鏡。余私念若輩，明知今夜為觀秘戲，畏羞曷若不來？既來之，則無庸假惺惺。此殆婦女故作矜持，以見重於男子。此時忽有某甲，驚座若狂吠，急色醜態，暴露無遺。余竊憾之，恐婦女將竊議於後矣。遂不復置念，但凝目於幕上。見幕上有男女小兒三四人匿屏後，始則偷（**按：原作愉**）睹，繼則效尤，顛倒笨拙，殊引人發噱。此片告終，下為西人秘戲。一男皙（**按：疑應作白，因「白皙」一詞連帶而誤**）種美少年也，駕汽車出遊。所經之路，風景絕佳，山林幽秀，如入畫圖。久之車抵村落，有村姑二人拾翠田野，睹車驚訝。及見車中少年，意頗豔羨。男停車問訊，要與同載。游車有女，顏如舜英，偎紅倚翠，盡夠消魂。後抵一曠野，下車小憩。男出酒食饗之。笑語移時，男步入樹後便旋，一女悄隨其後，隱身灌莽中，窺其私，並以食指銜口中。朱唇翕張，若示人情竇已開，亟欲一嘗異味者。女窺畢，踱地而溺，為男瞥見，亦悄出其後，鼓唇作聲，而拊其股。女回頭一笑，相與目成，遂藉草茵申繾綣矣。一女倚車久候，不見二人蹤跡，手提革履，雙足如雪，踏莎微步，欲窺其隱。轉過叢樹，不意驟見其疊股而嬉，嬌羞若挽，在勢將逃，但情不自禁，蓮步不能移動。男牽其裙不釋手，仆於草間。男遂為之緩結束，一箭而貫雙雕。女以含苞之花，何堪揉折，而羞暈如不自容，一種醉人情態，與「語軟聲低道我何曾慣」詞意吻合。閱影至此，嘆觀止矣。迨終場，時已夜闌，人影散亂。觀者如醉如癡，男女相偎相擁，各鄉覓溫柔，共尋鴛夢去矣。

髀生有《香豔摭譚》，茲錄如下：

《易》繫（按：原作擊）詞中有云，夫乾，其靜也專，其動也直，是以大生焉；夫坤，其靜也翕，其動也闢，是以廣生焉。此六語狀兩性體象，至肖極當，非聖人不能道，可為談性之祖。宣尼閉房之記，吾不得而見之矣，得茲數語斯可矣。

《詩》〈碩人〉章，形容美人之美，無以復加。〈鄭（衛）風〉中諸什尤多男女調笑之詞。如「狂童之狂也且」之類，恍然如聞嬌音戲謔於濮上桑間也。

《素女經》、《玉房秘訣》、《玉房摘要》、《洞玄子》，諸房中書，近世已有石印本。合茲數種為一卷，長沙葉德輝所輯。文詞奧雅，近於內難。就中《洞玄子》之文，尤為瑰麗可取，殆六朝人所為也。

騷經中靈均諸作，香豔之語頗多，惜無整篇，只堪摘句。至宋玉則有〈神女〉、〈高唐〉、〈好色〉諸賦，亦斯道之演進也。

〈雜事秘辛〉一文，奇麗矞奧，蕩塊駘心。有謂楊升庵偽作者，然其文不特遣詞絕妙，而且考定精博，縱屬贋（**按：原作膺**）為，亦自有其不磨之價值，況未必贋乎。

《飛燕外傳》，狀漢宮春色，繪形傳聲，允開香豔說部之先河。其文詞之古豔，更非漢人莫辨也。

司馬相如〈美人賦〉，胎息屈宋，而文筆充暢復過之，足見此公之膽大。其所以敢於琴挑文君者，亦在是也。

余於古賦中，最喜相如〈美人〉，子建〈洛神〉，淵明〈閒情〉三賦。自幼挑燈夜誦，即覺心旌搖搖，若不自持。而看《燈草和尚》、《癡婆子傳》等書，轉木然無所動於中。此意曾為故友曼公言之，渠亦謂與有同感。

古人作賦，無論麗則麗淫（**按：「淫」字疑應作「矣」**），率以鋪陳堆砌，藻繪形容為本。〈美人〉、〈洛神〉兩賦，雖極驚心動目，亦未離此徯徑。蓋其體使然耳。至〈閒情賦〉則通體白描，不煩藻飾典砌，專趨重於內心之敘述，在古人文中，實百不一睹。此種文體，至近代始盛行，而未有能逮此賦之妙者。雖係時代之不同，緣彭澤天才，高軼今古之故。全篇語旨，即二千年下曹雪芹所謂之「意淫」是也。

〈閒情賦〉序內謂張衡有〈靜情賦〉，蔡邕有〈定情賦〉，不知內容作何種語，亦不知此兩賦今尚存否。暇當於漢魏集中求之。

梁元帝有「蕩婦秋思」之賦，狀述思婦心情，躍然紙上。如聞其聲，如見其人。寥寥百數字，純係天然音籟，洵千古絕作也。

幼年翻閱《知不足齋叢書》中之《全唐詩逸》，序謂此書係自日本抄傳者，內有張文成崔五嫂贈答之詩數章。寫兒女昵語，極淺白而纏綿。注載全作有過於淫穢者未錄，私心耿耿，常以未窺全豹為憾。前歲見某書舍租書目錄，中有《遊仙窟》一書，知即為張崔贈答之全文。亟借閱一過，果有數章，較《全唐詩逸》所載，尤為裸褻，而文詞之華贍典麗，確為唐作無疑。惜卷帙稍長，未暇抄錄。嗣擬購之，詢諸該肆，據云只有一部，不能出售。於他書肆中訪問，亦不可得。此書原本藏日本圖書館，今尚存。至張文成之名確否，已不詳記，惟知此書著者，即著《龍筋鳳髓判》者也。

長沙葉德輝自印《悔花菴叢書》一本，譚延闓書耑，裝印綦精，為當時贈友之品。內中大致與石印流行之《素女經》相同。惟最後有唐白行簡〈天地陰陽交歡大樂賦〉篇，為坊本所無，謂於某山石室中獲得者。賦長約數千言，於交接之事，分時分類，鋪敘甚詳。文詞豐豔華冶，得未曾有。惜殘闕不完，間多誤字。白行簡為樂天兄弟行也。

葉德輝刊行另有《梅花影叢書》一部（**按：葉氏印有《雙梅影闇叢書》一種，較有影響。**）

《梅花影叢書》則從未聽說，多方搜索亦不得。疑作者誤記），數十冊，南中書局當有售者。書內採輯古今香豔文字甚繁，與坊間所售《香豔叢書》相類，而精審博洽似過之。蓋葉氏文學，本具淵源，而藏書又富，其搜採甄鑒，自不同也。

袁隨園《子不語》中「控鶴監秘記」一則，記武氏宮闈佚事，曲形淫褻。文筆極靈妙，造語極自然，惟略嫌輕佻，不似唐人所為，故後世疑為袁翁偽作。然此種文字，但應論其能否動人，固不計真偽也。

近見報載故宮印售書目，中列《名教罪人》一書，不知是否關於香豔之作，暇當函故宮友人詢之。

文言香豔小說，昉自唐人。如唐代叢書中，太真梅妃外傳等篇是也。宋代有碧雲騢之作，述歐九事，文亦雅蓄。記幼時曾於某書中見之，惜已不詳。至元代，香豔作風乃極盛，如《繡谷春容》所載，多出於元人之手，惟此書近已不易覓。清季末葉，粵中某書局石印有《國色天香》者，計兩本。內刊小說數種，即全由《繡谷春容》中摘取者。計有《龍會蘭池錄》、《劉生覓蓮記》、《尋芳雅集》、《雙卿筆記》（此雙卿非情史悟岡所撰《西青散記》中之雙卿也）、《白錦瓊奇會遇》、《天緣（**按：疑應作緣**）奇遇》、《鍾情麗集》共七種。不特文筆嫵麗，在《板橋雜記》、《畫舫》諸錄之上，即其中詩詞，描述男女熱情，均能極容盡致，敢於赤裸裸寫出，非後來人所能及也。惜乎彼書取材，尚非《繡谷春容》全璧（**按：原作壁**），滄海遺珠，終屬缺憾。《繡谷春容》一書，海內想有存者，暇當訪之。

關於白話淫豔說部，《金瓶梅》固盡人所知。此外除《如意君傳》、《好逑（**按：原作述**）傳》等三四種未見外，其餘如《耶蒲緣》、《杏花天》、《龍鳳配》、《牡丹奇緣》、《繡榻野史》、《蜃樓志》等，不下二三十種，皆曾寓目，率不足登大雅之堂。《野叟曝言》雖較優，亦不足發人美感。僅《綠野仙蹤》內數段，雖係描寫村姑土娼之動作，而筆下自然入情。

戚人某藏有明板精刻《金瓶梅》全圖，予曾見之。尺寸寬大，工細絕倫。據云海內只有三本，特其深藏秘扃，不輕示人。渠每謂非讀破萬卷書者，不能使觀此圖。其言亦未為無見。

久聞有《歡喜冤家》一書，可與《金瓶梅》頡頏。去年聆友人□（**按：此字不清**）君言，有人持一部，求售於北海圖書館，索價只十六番，而該館尚推延未肯即購，嗣不知成交否。果以微值未（**按：原作來**）協之故，而令稀有之本，流落湮沒，誠香豔文字中之重大損失也。

昔年與友人張君譚及香豔小說，承彼贈明板《金瓶梅》殘篇數十頁。張君並言其友舊藏一書，名曰《姒氏歷史》，共四套。其內容在《金瓶》、《紅樓》之間，此書係由日本得來，中國並無刻本。其友珍視異常，從不肯假人。

予年十八歲時，因公有粵桂之行。途中與蘇州江君範五俱，風雨同舟，剪燭閒話。江君言其昔年遊幕龍沙，曾於省垣舊書肆中得一書，文字奇異，莫能遽識。心知非常品，亟購歸。

經數月之研考，始辨其文。蓋係合古文奇字梵文金書及各地方言僻字而成。其書名為《狐仙口授□□□□》八字（下四字江君曾言之，惜年久不能復憶）。卷帙甚繁，內中專敘述由春秋戰國起，歷代宮禁淫穢秘聞。文極豔異奧衍。恐盡人能讀，流於誨淫，故以極難識之字出之。凡能識得此書者，其人定為博學深思之士，絕非意志不定，識淺學陋者流所能辨，其用意固至善也。據江君考證，此書在乾隆年間，海內只有三部，紅羊劫後，遂無所聞。當時於邊遠之地，無意中得之，寶愛可知。嗣為同事友人強藉以去，攜赴甘新不返，此書乃復失落，不知今尚存否。江君言次，猶歎喟不置。余憶曾於某筆記內（是否《庸菴筆記》不詳）見有紀守宮狐一則，言歷代宮禁秘事異聞，多為正稗史所不載者。江君所言之書，未諗即據此狐口授者否。

憶昔年於某筆記說部中，見一則，紀仙人坎離交媾，神炁會合之事。雖係道家者言，於交接之道，陳意至高，文詞亦極婉妙。在香豔文字中，另闢一格，讀之令人生簫史劉桓之慕。惜以年久健忘，已不能舉其書之名。彷彿記為《螢窗異草》或《諧鐸》。顧曾就此二書覓之，亦復未得。不詳其究出何書，心常為之耿念。

關於斷袖分桃事蹟，如彌子瑕、鄂君、董賢、韓嫣、鄭櫻桃之類，古籍中紀述頗多，清代袁隨園尤喜言之，故《新（續）齊諧‧子不語》內，涉及此類事者，數見不鮮，第可取者則鮮。惟鈕琇所撰《觚賸》中，有粟兒姜郎二則，文詞雋雅典麗。較《聊齋》之「黃九郎」，有華俚之別。

近人筆記有《鶻突談》一卷，內中多紀湘閩岩洞之奇，頗清麗可喜。卷尾載有某夫婦二文，一為其夫寄婦之白話家書，一為其婦之「四香居士傳」，筆下均飄逸有仙氣，而家書尤豔奇絕。伊彼梁孟，蓋趙管之儔也。

詩詞香豔之作，六朝隋唐為甚。《玉臺新詠》、《玉樹後庭花》諸作，藻琢為美，華而少實。至唐之中晚，始趨於恣放豁露。詩如元微之「會真篇」，及韓冬郎之「四體美人嬌欲泣」、「六寸圓膚光緻緻」兩絕，「忙裏不知金鈿落，暗中惟覺繡鞋香」、「眼波向我無端豔，心火因君特地燃」二律，與女冠魚玄機之「易求無價寶，難覓有情郎」、「去散已悲雲不定，恩情須似水長留（**按：似應作流**）」兩律，指不勝屈。詞中淫褻語尤多。試取全唐詞觀之，自知其美不勝收。猶憶有〈浣溪紗〉兩半闋云，「醉後愛呼嬌姐姐，夜來留待好哥哥。者番情事久長麼。」又「蘭麝細香聞喘息，綺羅纖縷見肌膚。此時還恨薄情無」。讀之而不動心者，直木石人也。

古今詩詞詠美人體貌動止，幾乎纖細靡遺，惟於女子如廁一事，殊（**按：原作硃**）尠及之。只唐李義山集中有〈藥轉〉一律，雖經後世多人曲為箋釋，證其非指如廁，然試誦「露氣暗連金桂苑，風聲偏獵紫蘭叢」二語，慧心人閉目深思之，當知其確切不移。況全首貫通，無一語稍離斯義乎。

宋代詩詞之香豔者，每出於偉人名賢。如韓琦、歐陽修、文彥博、司馬光諸公，歌詠相傳，率多風流旖旎，不類其為人。可見懷情悅美，出於天性，本不礙於名節事功，正無須厚自撙抑也。

清朱竹垞一代儒宗，而《曝書亭集》中「風懷二百韻」，溫馨柔豔，刻骨鏤心。當時友人有勸刪之，免為盛德之累者，朱謂寧死後不食兩廡冷豬肉，不刪風懷詩。竹垞之性真，勝其遠祖晦庵多多矣。集中並有《靜志居琴趣》一種，皆為倚聲，與「風懷」詩同為本事之作也。

昔人有〈美人詩〉約廿律，由深閨起，至孕玉止。舉凡婦女之事，備形吟詠，極工絕豔。予曾抄存之，數經播遷，不知何時失去。繼又見〈新婚竹枝〉十五首，雖淺易不逮前詩，而駘蕩差堪繼美。茲摘其尤豔者，錄出如下：

「解去香羅帶一條，中衣寬褪臥紅綃。可憐玉腕支持處，壓損輕盈楊柳腰。」

「繡幃錦帳靜無嘩，蘭麝飄香繞絳紗。今夕風流何所喻，玉簪直插牡丹花。」

「仰臥承歡織錦衾，情思蕩蕩汗淋淋。柳腰無力花心顫，如此風流不可禁。」

「雲鬟搖亂綠鬆鬆，一段香魂頂上沖。不顧羞顏推復挽，喚郎聲在有無中。」

「一為縱送一銷魂，氣有蘭香淚有痕。檀口輕偎紅粉濕，儂儂小語細溫存。」

「嬌鶯雛燕微微喘，暮雨朝雲暗暗酥。為問萱堂知道否，兒之清白被人污。」

「鴛鴦帳裏情無限，翡翠幃中夜欲闌。拭淨餘痕神已倦，檀郎醒後復求歡。」

漢《說苑》殘石載匡人圍孔子，令穿九曲明珠事。大意謂孔子適陳，途遇二女採桑。孔子過而調之曰：南枝窈窕北枝長（謂在南者美而在北者軀長也）。女子接吟曰：夫子遊陳必絕糧。九曲明珠穿不得，回來問我採桑娘。至匡果被圍，匡人令穿九曲明珠，孔子無以應，憶路女之言，乃遣子貢返求之。至某處不見二女，惟地上插一木枝，旁有土三撮。子貢悟為杜三娘也。亟往訪問，遇樵夫示路（樵人答子貢亦七言韻語），得見三娘。告以以蜜塗珠，將絲繫蟻。不過，以煙薰之。子貢歸，如其法穿珠，匡人乃解圍去（漢去春秋未遠，此說果為漢人所傳，當有依據。則七言詩始於柏梁之說，亦隨之推翻矣）。按此則今《說苑》中未載，當係佚文。其時既有此說，未必無據。且漢東方朔〈九辨〉中，亦有「路室女之方桑兮，孔子過之以自侍」之句，揆諸上說，適可互證其相符。蓋孔子不特調之，而且媵之矣。聖如夫子，尚不免情悅目成，後世小儒，乃強為遏窒，多見其未聞道也。

自來懼內，陳季常戚繼光最著。戚之英明偉烈，固世所知也。季常在宋時，亦為豪傑之士。少有大志，好騎射擊劍，中年隱於光黃間。曾讀蘇子瞻「方山子傳」者，類知其跅弛瑰琦，絕非庸俗懦夫比也。不特季常也，其婦柳氏亦巾幗鬚眉，非常女子也。宋人筆記中，載其嘗攜兩鬟，戎服鑾韉，挾弓矢，連騎獵於山中，見者目之如紅線隱娘一流人物。是則□□

（**按：此處原缺兩字**）盡知也。世有此種奇女子，雖為其廝養僕役，亦所甚甘，矧為之夫而懼之，不亦宜乎？故懼內非英傑不能，亦非其人莫能懼。後世儒闇之夫，制於悍婦，而比之於季常，誣矣（以上皆錄（**按：原作綠**）自《摭譚》）。

靈犀有《香豔拾慧錄》云，髀生君《香豔摭談》，博洽淵雅，服膺久矣。嘗有志彙編古代香豔文字，引為同調。君工篆籀，於書中有欠雅馴者，擬代以古文奇字。此宏願也，顧恐不易償耳。試以九品，各從類別，則《雜事秘辛》、《飛燕外傳》、《控鶴監秘記》、《漢宮春色》、《河間婦傳》，此上上也。《三山秘記》、《癡婆子傳》、《閨豔秦聲》，此上中也。《金瓶梅傳》、《肉蒲團》，亦名《覺後禪》（俗名《耶蒲緣》），《海陵王》、《杏花天》，此上下也。《西廂記》、《紅樓夢》、《綠野仙蹤》、《遊仙窟》，此中上也。《品花寶鑒》、《野叟曝言》、《簾外桃花記》、《女仙外史》，此中中也。《倭袍記》、《如意奇緣》、《玉蜻蜓》、《鳳雙飛彈詞》（此書出女子手筆專談男色，大有女兒國王狎男妾之故智），此中下也。中等三品，皆偶有香豔處，非全篇盡豔文也。其餘自鄶以下，若《繡榻野史》、《株林野史》、《燈草和尚》、《桃花庵》，此下上也。《隔簾花影》、《香閨秘記》、《桃花記》、《如意君傳》，此（**按：原作比**）下中也。《牡丹奇緣》、《閨中秘史》、《情海緣》、《花下緣》，此下下也。其餘秘本甚多，或已失傳。就余所知者，如《新臺秘史》、《玉嬌李》、《摩登伽》、《戀情人》、《龍陽逸史》、《媚史》、《催曉夢》、《繡谷春容》、《丰韻情書》、《燕居筆記》、《浪史》、《閒情別傳》、《僧尼孽海》、《燈月緣》、《巫山豔史》、《覺世梧桐影》，皆香豔說部也。《花錦營》，半圖半文，為明版，最為珍貴。《素娥篇》、《國色天香》、《花陣綺言》，皆珍本也。《濃情快史》亦負盛名，偶於坊間見之，殊不見佳。《東遊記》，疑即《三山秘記》（又名《枕中秘》）。以上各書，故都或可物色，然可遇不可求也。葉德輝所刻三種《雙梅景闇叢書》、《于飛經》（經人改為《白話名姓術》）、《房中奇術》（附〈天地陰陽交換大樂賦〉）及《玄機中萃》、《蘭房秘訣》、《攝生秘術》、《金古奇方》、《紫閨秘書》，皆言房中術者，又屬一類矣。惜華君所見極多，恒為余言之。彼擬撰《猥本解題》或《禁書提要》，數年來猶未見其著筆，想以人事冗瑣，無心及此。況此等無聊文字，尤懼為偽君子所呵責。余曾見有偽詐之輩衣冠儼然，其行止卑污，人所共知，亦復恬不知恥，責人無已。氣餒者懼其狺狺，惟有擱筆之一道。若我輩飲馬長城窟，結客少年場，暢所欲言，又何懼於小丑哉？

〈寞盦遊戲詩〉泳季所作也。因友人有用隴俗，剃去陰毛者，詩以調之曰：雲霄萬古付輕鴻，濯濯牛山木盡童。皮相英雄歸胯下，髡鉗名士處褌中。吹求尚有居官習，洗伐纔知入道功。一片頓成乾淨土，悠然袒（**按：原作担**）腹臥床東。

年來楊子亦膚撓，刮垢磨光足自豪。薦遂囊中真脫穎，遣嬙圖上不添毫。異人事蹟驚鬬髮，官樣文章等弁髦。虛有老僧名義在，實行披剃始今朝。

稱戈眇帥渡瀘師，群盜紛紛盡削之。壯志應傷雞鎩羽，名心休想豹留皮。失時漫歎烏騅逝，戲水還推白鳥宜。一曲梨渦零暮雨，肉聲終竟勝繁絲。

玉女吹簫味道腴，秋毫不犯總非夫。蠟臣無須攀龍髯，烏爪空思捋（**按：原作將**）虎鬚。鋤草何須留綠意，誅茅正好闢萊蕪。鳳池飛白鐃修潔，未許旁人笑墨豬。

得折叟書，典故紛陳，觸我癢技，再用前題賦四律。

也同羽化解凡尺，群玉峰頭採肉芝。放下屠刀圓佛果，揮將慧劍斬情絲。不留諫草誇高調，盡剪甘棠省去思，此樹婆娑生意盡，陽烏應亦歎無枝。

披羅剔薜識行藏，三徑蕭（按：原作簫）條慨就荒。漫道德齊憑地醜，合教笠短讓龜長。論文枉自矜鸞鳳，品鞹何須辨虎羊。掃盡牆茨甘割愛，摧殘不用惜蘭當。

平平王道喜新開，沒羽凌空一箭來。豈有蛟龍依草澤，更無風鶴警江淮。落旄屬國甘持節，拾翠佳人悵墮釵。十日平原空痛飲，紅羅辜（按：原作孤）負踏青鞋。

霓羽飄零赤腳仙，輕揮玉麈謝塵緣。蜉蝣撼樹歸虛繞，烏鵲成橋許再填。燕尾參差難掠水，翰音冥渺已登天。春風吹處還滋蔓，詩思池塘惱惠連。

又有詠角先生詩四首，錄之於後：

人倫代表數林宗（亦曰「郭先生」），作椽籌帷事毋同。強項居然同豸觸，虛心原自遜犀通。岸巾穿屋成乾雀，尺木升天好假龍。道貌儼然終偽學，不言溫室退從容（亦名子宮保溫器）。

總髮英賢是舊交，纖蔥消乏不須勞。搗來玉杵思何巧，闢到桐輪氣也豪。揮灑情形同握管，沉酣風味勝持螯。從今可廢工倕指，那羨麻姑癢處搔。

崢嶸槍冒露頭時，饑設藤津自一奇。蠻觸交爭原戰士，羚羊偶掛亦禪師。弓招實現杯蛇影，枕薦虛摹鷸蚌姿。銳鈍算來知幾度，玉人勾股（銳角、鈍角、角度、勾股皆算學名詞）費推移。

霜天曉奏一聲聲，人事周旋亦有情。稜為常摸皆好好（好好先生），竽因濫用總平平（南郭先生濫竽）。汾陽不惜輕來去（郭汾陽巧（**按：「巧」字疑誤或此處另有脫漏**）甚高，然呼之未嘗不來，遣之未嘗不去），甪里多慚誤姓名（「四皓」中之甪里先生，多誤為角字）。床第（**按：原作第**）功勞自隗始，紫袍（此物為紅皮製）底事號儒生。

閒人有「春風廿四印譜」，跋云，頃得一印譜，題曰春風廿四，秘戲圖也。往者聞陳師曾言，曾見一本，圖繪精妙，鐫刻足以發之。惜未之見。今無意中獲此，雖其本不全，僅得二十有二，要亦極好事者之能事已。冊前有落魄公子一跋，「圖仿歙西程氏本，略有同異。題詠照原刻節錄，續者清溪樵子，鐫者柳溪釣叟也。光緒戊子荷花生日，落魄公子購藏並識。時客滬上。」城東七十七翁題曰：「乾坤大父母，二氣相氤氳。洪爐雖未開，橐籥先具陳。摩蕩任其勢，玄牝丹水溫。否泰會有時，融液身中春。一絲絕不掛，聖賢露其真。無此大撮弄，世界焉有人。鴻蒙開闢初，造化費經綸。奈何癡兒女，昧茲生死根。」可山題曰：「點逗春風筆一枝，笑拈紅豆種相思。竟羅曠代驚人句，都作名家本事詩。花信速於摧羯鼓，印文巧比界蛛絲。此中更有蟬嫣話，卷裡能傳解者知。」又有道光乙未龍山遮居士七絕四首，曰：「妙手通靈細意鐫，印泥紅暈玉肌鮮。戲拈三寸昆吾鐵，幻結三生石上緣」。「莫將芳訊錯披尋，空色真能印佛心。蝶亂蜂忙春正好，穿花淺淺更深深」。「本不相謀適相合，拈來成句作題辭。曾看妙製司空品，又喜匡衡善解頤」。「描摹曲盡意云何，花事匆匆只剎那。膩白繁紅零亂處，春風至竟亦無多」。詩頗可誦，每葉鐫一印，對題古詩一句，亦印譜中之別開生面者。

《海上花列傳》，清季著名之說部也。其五十一回載有尹癡鴛所著《穢史外編》一則（張秀英房中取出一本破爛春冊，計七幅，彷彿玉壺山人手跡。分出次序，照敘事體，做一篇記，須典雅）。其文曰：高唐氏有二女焉，家習朋淫，人求野合，登徒子趨之如歸市。一石婢充氤氳使，操玉尺於門之右，以旌別其上下床。東牆生聞而造之曰：「竊比大陰之嫪毒，技擅關車；願為禁臠之昌宗，官除控鶴。」以翹翹者示石。丹之刃磨厲以須，毛之錐脫穎而出。石睨而笑曰：「賤形而小，具體而微，人何以良，婿真是贅」。生曰：「不然。僕聞精多者物宏，體充者用腓。屠牛擔解十二年，而芒刃不頓者，其批郤導窾，皆眾理解也。卿毋皮相，僕試身嘗」。石曰：「招我由房，請君入甕」。乃見二女，喜而款之。有酒如淮旨且多，其人如玉美而豔。為武曌設無遮會，俾劉鋹觀大體雙。既酣，石趨進曰：「寡君有不腆之溪毛，敢以薦不下執事」。生惶恐避席而對曰：「三女成粲，一夫當關。恐隕越以貽羞，將厭覆之是懼。請以淫籌，參之觴政，按徐熙之院本，演王建之宮詞。三珠張翠鳥之巢，大樣鬥蛾眉之譜。不亦可乎？」皆曰：「善」。爾乃屏四筵，陳六簿。高氏振臂呼之，則風月三分，水天一色。生曰：「此秋千戲也」。高裂帛縛踝，懸諸兩楹，重門洞開，嚴陣以待。生及鋒而試，不戒而馳，挾穎考叔之輈，穿養由基之札。高知其易與也，強者弱之，實者虛之；若合若離，且迎且拒。鞭之長不及於腹，皮之存不傅於毛。生驚退三舍，高微哂，放踵而摩頂焉。龍已潛而勿用，蠖亦屈而不伸。無臭無聲，恍比丘之入定；或推或挽，儼傀儡之登場。壁上觀者揶（**按：原作椰**）揄之，生內懊，不暇辨，以胥臣之虎皮蒙其馬，以郈氏之金距介其雞。善元之甲，棄而復來；

堇父之布，蘇而復上。於是一張一弛，再接再厲，七擒七縱，十蕩十決。王勃乘馬當之風，浩浩然不知其所止，陸遜迷魚復之陣，倀倀然不知其何之。高嚶嚀乞休曰：「可矣，今而後知死所矣」。生大笑。次為唐氏，著手成春。厥象曰：「後庭花」。唐曰：「舍正路而不由，縱下流而忘返。不可。」生曰：「呂之射戟也轅門，羿之行舟也陸地。夫何傷。」強唐兩手據地，而自其後乘之。大開月窟，橫看成嶺側成峰；倒掛天瓢，翻手為雲覆手雨。高撓之曰：「勿爾。雌雖伏矣，牝可虛乎？」生乃止。唐慍曰：「背有刺，氈有針，殆哉。」生令石博，石未及應，唐曰：「嘻，守如瓶口，困在垓中。石兮石兮，乃如之人兮。」生不信，染指於鼎，草萋萋兮未長，泉涓涓兮始流。葉底芙蓉，花深不露；梢頭豆蔻，苞吐猶含。扼腕歎曰：「涅而不緇白乎，鑽之彌堅卓爾。除非力士，鳥道可以生開；安得霸王，鴻溝為之分割。」聿及高，高博而輾然曰：「由來玉杵下搗元霜，豈有彎莖仰承甘露。」生曰：「得毋為倒垂蓮乎？有術在，僕也皤其腹，卿鞠其躬。」遂戰。交綏，生暇甚，顧（**按：原作願**）謂石曰：「大嚼於屠門，孰聞於鮑肆，何以為情？」石曰：「不度玉門關，負我青春長已矣；直至黃龍府，與君痛飲復何如。」生謹諾。拔幟而濠中突起，背水稱兵；探珠而海底重來，尾閭掃穴。石創巨深痛，如兔斯脫。高曰：「姮娥奔矣，居士亦聞木樨香否？」生為鼓掌。會唐博，得弄玉簫之象。謀於石曰：「既獸畜而不能豕交，寧雞口而毋為牛後。子盍為我圖之？」石受命，掬之以手，豕之以口。雙丸跳盪，一氣而卷舒，嗚嗚然猶蚯蚓竅之蒼蠅聲也。高曰：「未病而呻，雖糙亦醉。渾敦也而饕餮乎。」唐曰：「捫燭而明其形，嘗鼎而知其味。媧皇有靈，能無首肯？」石亦忍俊不自禁焉。生既刮垢磨光，伐毛洗髓，新硎乍發，游刃有餘。高度不敵，得弓彎舞而讓於唐。生戰益力，中強外肆，陰合陽開，左旋右抽，大含細入。如猛虎之咆哮，如神龍之夭矯。如急雨飄風之驟至，如輕車駿馬之交馳。俄而津津乎其味，汩汩然而來。浹髓淪肌，揉若無骨；撐腸拄腹，捫之有稜。就其淺就其深，丹成九轉；旅而進旅而退，曲奏三終。蓋下視其轍，而唐且血染漂杵矣。生曰：「乞靈於媚藥，請命於淫符，晝日猶可接三，背城何妨借一。」高唐皆曰：「休矣，先生。嗣諸異日。」生冠帶興辭，二女歌〈采葑〉之首章以送之。三肅使者而退（小說中人異口同聲皆道，洵不愧為絕世奇文。最妙者，鞭刺雞錐，馬牝溝札，多少齷齪物事，竟然極為雅致。批云，試問開天闢地，往古來今，有如此一篇洋洋灑灑，空空洞洞，怪怪奇奇文字否？普天下才子讀之，皆當瞠目愕顧，箝口結舌，倒地百拜，不知所為）。

春宮冊頁中有破爛一本，雖丹青暗淡，而神采飛揚。殘缺不全，僅存七幅。因為之搜討一遍，始末兩幅，若迎若送，中五幅一男三女，面目（**按：原作日**）差同。大約是畫小說故事（第四十回）。

《脂樓瑣事》，青城居士撰，光緒三十二年刻本。皆冶游紀載，評花小品。有妓女留髡詩。其「晚粧」云：傅粉塗脂到夜闌，豔粧初竟始承歡。殷勤描就雙眉嫵，留與檀郎被底看。「澡牝」云：榴礬湯暖注銀盆，輕蘸羅巾褪褻褌。倚枕宵深偷（**按：原作愉**）聽候，水聲浙浙（**按：疑應作「淅淅」**）最銷魂。「漱口」云：薇露頻澆齒頰香，口含雞舌侍襄王。鴛黃三寸憑郎索，吮盡芳津暢品嘗。「訶梨」云：抹胸顧繡色猩紅，掩映瓊肌興倍濃。待到風流香汗透，霞綃輕解撫雙峰。「換鞋」云：睡鞋換就軟如棉，窄窄紅菱兩瓣尖。最是動人憐愛處，鳳翹高舉擱郎肩。「移燈」云：移得蘭燈入繡幃，銀燈如雪照更衣。當前便是無遮會，任看阿環玉體肥。「墊枕」云：暗將角枕襯蠻腰，高蹙蓮臺態更嬌。自是桃源容易到，漁郎得意恣探篙。

「潤唾」云：乍覺春風滯玉關，長蛾微蹙訴艱難。累儂香唾從頭潤，只為鴻溝浪不寬。

「春聲」云：泥夜秋娘善笑啼，枕邊軟語足情迷。尤雲殢雨春無限，也等沙場奏鼓鼙。

「玩蓮」云：牙床高踞有閒情，手把蓮鉤快品評。香軟何曾盈一握，紅鞋三寸可憐生。

「解纏」云：便鬆羅襪解行纏，有客偏參玉筍禪。剝到瑩然新角黍，柔肌一撚一堪憐。

「燒煙」云：橫陳玉體裸無絲，燒得鶯膏勸客吹。如此春宵真易度，翻雲覆雨不知疲。

「品簫」云：紫簫低品忒風流，媚態嫣然送睡眸。小吻今宵應刺破，可無玉液潤珠喉。

「扶莖」云：繞指春蠶興未降，柔荑輕握替扶將。摩挲享盡溫存福，重挺哥舒半段槍。

「拭瀝」云：牡丹露滴罷行雲，交頸棲鴛體暫分。繞是紈巾勤拭遍，兒家濕透藕絲裙。

明昭陽沈弘宇（元甫）《渾如篇》（原名已佚，劉半農以「開首世事渾如春夢」句為名），所記都青樓事，與《嫖經》、《嫖賭機關》及幽閒玩味奪趣群芳為一類筆墨。其「嫖」有「五要三不可」，四要「有本事」云，婦性淫，都喜幹，十個常有九個賤。果然潑戰遂他心，這好休把尋常看。其做姊妹有「八清」，五「陰戶」云，香者百無一二，臭者十常八九。在人收拾何如。頻浴則香，懶浴則臭。遇鑽⿸疒旁子弟，未雲雨先密聞之，少有不潔，出則形容。所以清客姊妹留心檢點，定不為人嫌鄙。若本來穢氣者，則未（按：原作末）如之何矣。觀姊妹之「十全」，八「風情」云，姊妹要穩重，又要飄颺；要沉潛，又要活潑。槁木匏瓜，人都惡其死石。若枕席間被窩中，此正歡娛之際，尤當操弄風騷，勾引子弟迷戀。不然一宿再宿而已，依依不捨者能幾何？

《樓流略》原名《風月閑評》，懺綺主人郭氏撰。統篇敘遊客。內篇敘女伎，外篇敘男優。改字記為葉氏傳易氏斠三篇。為「斠改」、「斠箋」、「斠略」，「雜記」上下篇。其書略曰：《金瓶梅》一百篇，明王世貞作。《紅樓夢》一百二十篇，曹雪芹作。倪鴻曰：常州舉人，秘戲圖七十二具。仇英，《平旦鐘聲》三卷。不知作者，《不可錄》一卷。萬九沙，《八段錦》。慎獨曰：非講玄門者。黃白鎰做手假地元真訣做手三家，無卷數。

驚雷：月令雷將發聲。不戒容止，必有凶災。

愁雨：徒行則不良。輿以往抑甚不適，故人多苦之。

向晨：瞯妓臥未起，往申綢繆。謂之「趕熱被」。

來暮：花間月下，與踐幽會。為歡交為禽構者也。

鬩爭：俗所謂「爭風」者也。相私相忌，至有操戈以逐者矣。

鷹掠：匪人偵客。微行往詐金帛，俗語謂之「打圍」。

鞋卜：

牌占：

鶼盟：心所至眷，懼不見答，則盟誓以要之。

蝶化：妓剪紙象蝶，以己月經塗其上，密紉為囊。佩之三日，解以贈所私。魘制之術也。

問影：看秘戲圖。蓋以習其事也。

聽春：聽淫聲。蓋以蕩其意也。

鵝圈：所謂「鵝稜圈」者也。蓋以補修其形。

龜帽：使毒不致上蒸，精不致下凝。俗所謂「風流套」者也。

花椒：服椒七，則男女之毒不相感。

藥酒：有三鞭壯陽、四鞭壯陽色目。將行房先服之，則可大可久也。

短書：凡私致綢繆以階進，多為妓誦章回小說及演說笑話。

采具：骰子也。貌為共和，而陰以求媚，大抵多託之。

黑棗：暮納之牝，晨咀之口。此採補之出於人為者也。

紅丸：凡餐紅丸，如候潮然。必月之至，始得一嘗異味。蓋採補之出於自然者歟？

光緒間北京要貨多盛以錦匣，玻璃為蓋。長約六寸，庫厚約四五寸。中為泥製戲劇，盔甲刀槍，咸與真者無異。普通者每匣四五錢，佳者約值銀四兩。藏有春宵秘戲，觀時須將匣蓋抽開，先取出戲劇，另抽開一紙格始見。製工絕細，情景逼真。尺寸悉中規度。眉目隱含蕩意，生動欲活。業此者頗多，以泥人張所製為最佳，而值亦最昂也。

《竹葉亭雜記》：回俗，凡未成丁者，十五歲以下，勢前必小割一刀，名曰「耐損」。其禮，擇日請阿訇至其家為割之，親友咸賀。

鹿性淫，一牡能交百牝，必至於死。死則牝鹿含芝草以生之。木蘭獵者著鹿皮，夜中吹哨作牡聲，以取其芝。名哨鹿。

餐英自東瀛來書云，昨見日本名物，曰「稚兒草紙」，為最古之男色繪卷。原本藏日本京都醍醐三寶院中。繪時約當我國宋代，有摹本一卷。為鎌倉時代鳥羽僧正之戲筆，凡十五段，官人與僧人各半。形形式式，孌童均係仰臥，姦之者在上，直搗黃龍，儼若女色。此其最異之點。又有一段，二人顛倒相戲，姦者舐孌童穀道，而孌童吮彼龜頭，尤為奇絕云。按狎此（**按：原作比**）孌童，並非擁其背自後而攻之，實皆迎而交合，與御女子無異。孌童赤體仰臥，以大紅呵子並其勢而兜之，餘竅受物，陽萎如蠶。進退之際，亦有水自潤其道，肛門內彷彿亦有腺若巴氏腺，能作癢為異耳。日本古時有妓專為僧設，天主教徒亦蓄孌童為婦。然《清賢錄》所謂世之含臊藏濁者，莫渝於頑豔之尻竅，不圖見於什宦僧徒。

有署名「祖耀」者，作〈情根詩〉二首，亟錄之。詩曰：情根何自始，殆自先天基。兒童三五齡，即解辨妍媸。降至禽與獸，蠢蠢無所知。雌雄且婉戀，牝牡尚追隨。是皆情所孕，至理耐人思。竟有道學家，哆口罵情癡。偶遇言情者，正色相詆訾。不知詆愈急，其言愈自欺。食色本天性，奚用諱飾為。窈窕求淑女，用以冠全詩。好色如好德，取喻無別詞。大哉聖人言，宜為萬世師。餘不錄。

紅杏所撰「人生對於裸象之觀念」，節錄二則如下：

中國人多半崇奉佛教，色和淫，佛教中且引為戒律。然而裸象在佛教之中，反不之禁。喇嘛教中尤有所謂歡喜佛，一名和合佛，又名陰陽佛者，為兩性交合之造像。除去雍和宮所塑之幾尊，如威德金剛佛，吉祥天母佛，永保護法佛，財寶天王佛，地藏王佛，地獄主佛，金剛勇識仁樂王佛，護法師佛，不動金剛秘密佛。另外還有降母亞丹姆經佛，里哈佛丹姆經凸妮佛，惡善瑪妮佛，格個多火裡性佛，哆羅雞生巴佛，托巴佛，姜母次倫佛，缺角佛，亞們大卡佛等等三四十種之多。在這些天地佛中，主要者為威德金剛佛。它就是佛經中所稱為文殊菩薩的化身。這些純然為裸象的一種無可諱言。

據日本人上田恭輔所著《生殖崇拜教》之話所述：（一）日本當明治五年未布禁令前，有幸之神，歡喜天，金精明神，塞之神，聖天樣等裸象。彼時日本倡寮公然奉祀。在中古以前，各家均有奉祀男根祠；（二）愛知縣大久保一道，現行男根祭；（三）印度孟買有鄰噶，高丈餘，與窯妮相對；（四）巴黎漢臺恩的法國國葬院的屋簷，羅築長形的陽物；（五）法國盧堡爾博物館在一部的物體上，雕有兩性生殖模型；（六）比利時的瑪挐懇庇司噴水，裝置幼童摩挲他的珍寶器（陽具）的模型。法蒂瑪司肯因宅有為軍隊解渴之功，授以勳章（噴水管之龍頭像小兒生殖器）；（七）義大利的王立圖書館的秘密室，陳列採掘朋派市之古物，都為繪圖雕刻的生殖造像。

俞松筠，滬上名醫也。著有《科學的達生篇》。其論受胎曰：男女兩性性交後，男子精液射入女子生殖器內，每次精液中有幾千萬萬精蟲互相奔馳。適有一成熟卵子入輸卵管時，被最後有力之精蟲入卵黃。卵黃之一部膨（**按：原作澎**）起成為丘狀。待精蟲頭占入後，丘頂陷沒，將精蟲收入。此名受精。受精之卵，即粘著於子宮，漸次發育。男女兩性之細胞核接合為一，後又分裂，漸成身體形狀。

《埋憂集》載「捉姦」一條。婦供稱向來與一人共戲，終嫌未暢所欲，故約二人於是日偕至，相與前後來攻。其時方極酣適，不意為夫所覺，一殺一逸。其判曰：從來為雲為雨，冶容或致誨淫；而在匹婦匹夫，作配但稱佳偶。故面首三千，止供酣戰於山陰；私乳分明（注另錄於後），僅效水嬉於海外。縱河間左（按：「左」字似不通，疑應為「之」）且窺且合，猶然日夜呼號；而武曌之即吮即交，不聞弟兄夾擊。乃者腹背受兵，居然鳥鼠同穴。以兩雄共一雌，竟雙管之齊下。左旋右抽，有鳥斯翼，前茅後勁，其實能容。盡教箭激連珠，綽有餘地；倘使桃翻錦浪，嘗許分羹。豈霸王之逐鹿，界劃以溝；擬碧玉以破瓜，剖分而食。方其二人同心，自必皆大歡喜。抑知彩鳳隨鴉，在羅敷原自有婿；驚鴛打鴨，彼臥榻豈容他人。所嗟傾國傾城，佳人難再；既已一生一死，罪案可消。我見猶憐，掩面忍誅尤物；奔者不禁，寬政宜及仲春。姑予薄懲，此後風流休放誕；待搜漏網，肯教淵藪久逋逃。庶幾二五之耦耕，永示千秋之孽報（粵西自肇至梧，婦人四月即入水浴，不避客舟。男女時亦相雜，或觸其私不忌，惟觸其乳則怒相擊殺。以為此乃婦道所分，故極重之）。

《梵天廬叢錄》載有人犬交奇案一則云，蔣山某少婦，美丰姿。夫經商久出未歸，婦雖望斷□（按：方框為原書所有）砧，然貞操自持，鄰里頗稱之。家畜一犬，性馴甚，軀魁梧，毛修潔。婦愛之，食必手飼。倦繡之餘，遂引逗之以為樂。犬亦依依似解人意，偎戀膝下不稍離也。一夕寒甚，婦夢中為嗚嗚聲驚醒，燭之則犬蹲床前，搖尾瑟縮，若不勝寒。婦因之登床覆衾擁以臥，則頓覺觸體奇溫，芳心為之震顫。犬性至淫，遽作勢如人，婦亦昏惑不能自主，遂互媾，則快美逾男子百倍。自是夜無虛度。逾年夫歸，犬見之輒獰目狂吠，若有深仇者。一日夫偶飲戚串家，夜深未歸，婦乘間擁犬續舊歡，事未畢而夫至。婦啟關迎夫入，犬聲又狺狺作。夫怒，舉足蹴之，犬忽突前力齧其勢，創重仆地而死。婦駭號，鄰右畢集。犬方宛轉伏婦裙下，群撻之不去，竟以鼻力嗅婦之胯間。群疑之，聞於官，縶婦往。正訊讞間，犬突入投婦懷，勢勃舉作求合狀。婦見之遽暈絕，移時始蘇。官知有異，乃傳婦入後堂命官押婆從容問之，盡得其實。遂按和姦同謀斃夫律，置婦及犬於法。斬之日，萬人空巷，盡至法場擁觀，歎（**按：原作歡**）為冤孽。

又載「錢李氏遺精復度招情」一則云：明人招狀有極褻者，如錢李氏遺精復度招情云，招狀婦李氏，年三十五歲。直隸應天府上元縣民婦招。正德五年三月十九日，有夫錢臣前往母舅張廉飲酒，更深醉回，見氏針黹守候，不合乘其酒興，遂摟抱推倚床沿，百般調戲，恣意淫樂。比有小姑錢氏與氏臥房間壁，聞氏與夫淫聲交雜，不合剜開壁洞，窺氏與夫交合情狀，想已動心。次早天明，氏夫早出，姑即前來，含笑對氏說稱，你與哥哥昨夜扭在床上許久，作何事？氏又不合明說，你哥哥醉酣乘興，色慾迷心，與氏玩耍（**按：原作要**）一場，今早到上元縣公事前去。姑又不合含笑忍恥稱說，你兩人交合形狀，我皆看見，可照樣與我一做便了，不然我要說知與人。氏又不合聽從，遂將小姑抱向臥床，各脫裙褲，挽起雙足，效作交歡之狀，以致兩陰相合，弄假成真。是氏淫情興動，將夫所遺元精，流入小姑陰戶，歡樂一番各散。不料以後小姑頓覺精神迥異，經閉腹高，遂成胎孕。當被伊翁凌銑告府，批行本縣案下，拘（**按：原作抱。**）氏與夫、姑到官，審問前情明白。是氏與姑不合隱蔽前情，致生事端，姑遂成孕。蒙臺疑有私通虛誑，當拘（**按：原作抱**）穩婆沈氏驗看小姑陰戶，委實未曾破身，果是遺精復度。又恐未的，再拘江寧縣穩婆姚氏復驗無異，所招是實。旋奉議云，一議得李氏錢臣錢氏等所犯俱依不應得為而為之事，合依律的決杖八十，奉大誥減等，各杖七十。審各有力照例取贖，錢氏仍候所孕輕身，給與錢臣收養。照舊配與凌銑次男為妻。兩家無得再生異議。卷照。此狀係友人林載一在山左某氏錄得，聞原案亦在彼處。清趙起士《寄園寄所寄》曾引開卷一噱，載其片段。予以此狀世人罕見，故全錄之（《玉芝堂談薈》上民（**按：此「民」字似不通，疑為衍文**）佃民張二與妻陳氏合，為小姑張妙情見而心動，效之有身。）

《夢筆生花》載有徐中「行室記」曰：丙午夏，余客東粵，於番舶中見一物，不知番人何名。譯之者曰：是名「行室」。會其意，猶云出行者可藉以代室家耳。其物輕便，收藏小匣中可作枕，疊如一片絮，作摺扁人形，眉目宛然，五官端好。尻尾有螺旋，去其旋以牙管貫氣，令極足，乃旋之，則自頂至踵圓滿成女形。胸有乳，腹有臍，胯有陰，深八寸許，可受交媾。髮可髻，身可衣，足可履。無補綴縫紉（**按：原作級**）之痕，若魚泡然，光亦類之。白如綾，而有血肉之澤，香馥襲人，擁之而目真。所謂豐足有餘，柔若無骨者。眼光媚人，凝睇微笑，第不能言耳。其衣履之物，亦悉具於匣中。狀乃西洋婦，黃毛碧眼，稍覺可嫌。令其製為中國華女態，必有動人者矣，量亦無不可者。收藏時去旋洩其氣，則仍薄如紙。竟不察何物所造。據譯者言以海魚皮為之，綴以神膠。雖多事，較嚴氏父子以金銀造美人作溺器，則相去遠矣。其價十餘金，亦有小婢值也。西番靡費蠱惑我中國多此類。繆蓮仙曰：行室，俗名客妻，義同。遊粵者亦多購之。旅客蕭條，聊以遣（**按：原作遺**）興。然視日尋妓（**按：原作術**）院，至金盡床頭，而不能作歸計者，差勝一籌。

時交冬至，氣暖如春。會罷消寒，另作雅集。同好之士，約得九人。各出收藏春冊，傳觀共賞。擇地於鵜園，名曰「借春小集」。是日共蒐（**按：原作蓖**）集大小三百餘幅。有題為

「三十六宮都是春」者，有題為「燕寢凝香」者，有題「大體雙」或「好嬉子」者，有題為「大千春色」、「風月常新」以及「春消息」者。其中最佳者，題曰「春光好」。其膚泛者，題曰「宮女如花滿春殿」。或為微影，或為寫生。攬（**按：原作攬**）中外之奇，涉古今之趣，絹山膠海，洋洋大觀。仇十洲全以筆口（**按：方框為原文所有**），唐子畏以意勝。仕女有閨閣氣，景物有書卷氣，改七薌費曉樓輩，已較遜一籌。雖面目妍媚，然流於妖冶。蓋其取材於秦樓楚館，自非大方家數。豐潤楊柳青兩地，皆以繪秘戲圖有名。粉本原非妙品，又以輾轉鉤勒，精神已失，面目全非矣。更聞弄粉調脂，屬於少女，筆墨謬拙，形態拗戾。且多時粧，尤增厭惡。至於攝影之術亦有精粗。夷婦以豐肌惑人，骨肉停勻，無美弗臻。華人效尤，無一似處。流氓娼婦，為利所誘，諦視其人，做作太甚，徒覺面目可憎，索然無生氣。而兩根交接之處，盡情顯露，肥瘠不等，作寒乞相。毫無曲線之美，可憐亦復可笑。

統觀春冊中之有新奇結構者，一為賣花軀坐階石上，旁置長方提盒，上掛剪刀荷包等物。盒中盡盛偽器，作肉色，殆籐津所製。首豐軀偉，窪稜高起。手持一具，仰面微笑。有三姝絕麗，皆作宮粧，掩映門前。一女亦手持一具，笑而把玩。朱門上漚釘獸環，非宮禁即侯門。時槐花正黃，暮春天氣也。一繪少婦對燈獨坐，旁有紅盆，下體無袴。踝上繫一觸器。持器半投，而以兩手抱膝。目注神移，疑為孀婦。窗外有一長髯奴竊窺之。一繪盲翁隱几而坐，懷中抱一嬰兒。有一少婦，望而知為後妻。隔几曲肱而憑，手持鞀鼓，方弄嬰。小兒張口笑，盲翁色喜。但婦褪褲至踝，背後有俊童，稍出其後而反接焉。以播浪鼓掩褻聲，欺盲人亦太甚矣。一繪廚側隙地，僕婦以圍裙鋪地上，半褪其袴，仰臥。擔水夫釋桶於旁，伏地就之。小門外有一女僮抱嬰兒探首窺之。

攝影中西人居多，但常式耳。以六九式最多。鴛鴦顛倒，男嘗春，女吹簫，各探首胯下，形似阿拉伯字碼六十九二字。有一幀華麗地衣上，跪一女，兩膝平踞，兩手據地，赤身，首微昂。後顧，有碩大狼犬，伏於背，前爪踏其脊項，舌伸於外，腹摩其股。此人獸交歡也。又一幅兩女作交狀，俯者腰間繫一帶，又一帶絡於股，綴一偽器，與男子等。仰者閉目而承受之。又一幅則兩男也，皆幻作女粧，亦一仰一俯。仰者作龍陽，蓋其卵借為阜焉。縱觀各畫，攝影殊不及繪畫之有味。驟視無不了了，諦視則生厭，因其面目皆嫌傖（**按：原作槍**）俗。畫中人純以才子佳人為主，故男則清秀，女則美豔。其式雖多變化，不背情理。和悅之色，現於紙上。若攝影，夷人多獷野，窮形盡相，如肉搏然，絕無溫柔風味。但肌膚之美，則非華女所可並論。古畫之瑕（**按：原作瑕**）疵，即都少曲線美。往往婦女肢體，瘦削不堪。仇唐所繪較後來作品，妙處即在圓姿替月，盛鬋豐容，不似後人畫成骷髏。因其多讀書，以〈碩人〉之詩，〈神女〉之賦為藍本也。時粧最為刺目。纖足女子其脛踝之細，不及男勢，此為大病。若旗妝高髻雲峨，而其身寸絲不掛，或男子辮髮垂於腦後，亦有盤辮於額者，閱之不獨不感興趣，直欲作嘔矣。中國攝影多不講究背景，便覺索然無味。古畫中亭臺樓閣，花草蟲魚，琴書鼎彝，極求精美，自然悅目。楊柳青豐潤畫品，隨意點綴景物，隨時改換服裝，此病不除，遂致無人問津。影片充斥於市，物美價廉（**按：原作簾**），然其俗惡不可耐，又不如西畫之可取矣（見《綺樓借春紀要》）。

婦人之蚌，形態各殊，每具奇詭特徵，不可方物。有青蓮居士者，旅居冀南某埠，識一揚妓。厥名少卿。花信年華，玉環體態，煙視媚行，狀極冶蕩。居士固花叢健將，擇肥而噬者。悅其風騷，擬賦雲雨。香車夕迓，掃榻偕眠。孰意其蚌乾燥，毫無津潤，居士頗為所苦。且亦不工承迎，失之呆板，居士大為敗興，嗟歎不勝。其友某君，戲為排律一首調之，題名「良夜」。其詞曰：「良夜秋聲館，佳（**按：原作佳**）人春夢婆。風流招近局，方便住行窩。入抱親蘭麝，登床解綺羅。肌膚憑捉搦，耳鬢喜廝磨。色相徒評騭，功夫失揣摩。驪探雖盡致（居士每喜以手指剔探女蚌），螽測總成訛。土木形骸拙，涓埃報施苛。息姬原不語，子野詎聞歌。大嚼橫陳蠟，空搔隔癢靴。虛張射潮弩，終曳魯陽戈。竟索枯魚肆，難翻古井波。脂車艱蜀道，洗甲少銀河。乏潤應投筆，浮醪誤酌螺。亢龍心有悔，渴驥力無多。未賜金莖露，還譏玉殿珂（女不肯盡興，托詞同班趙玉鳳以善浪為人所輕，故不願作聲）。恍同迎旱魃，漫冀舞天魔。痦土慳啼鴂，龍沙窘戍（**按：原作戍**）駝。間關跋涉苦，能不歎蹉跎。」亦歡（**按：原作歎**）場之趣事也（見《蓮友蚌異記》）。

磨鏡之事，作俑者不知誰人，然風行一時，上海最盛。良家婦女，被誘而甘自墮落者不知凡幾。聞婦女若經一度摩擦後，便不思與男子近。其後竟有人藉以牟利。借旅館為舞臺，秘密公開，售票任人觀覽。民十九，有四女子北上，蒞止津門。闢室某旅館，以二十元代價，即可參觀此新奇秘戲，但每次只限四人。觀客之座，距離舞臺約四尺強，廬山畢現，一覽無餘。床上懸百枝燭光電燈一盞，耀如白晝。旋二女子出，均裸其全體，一剪髮天足，一留髮纖足，彷彿一男一女者。二人登床之後，向觀客送媚，即開始工作。初甚寂靜，但見床帳微微顫動，如聽泉品茗。繼暫不寧，如粗風暴雨，終則翻江攪海，浪花四濺，兔起鶻落，上下翻騰，左右激盪，作鴨食聲。白布一條，洪水淋漓，蓋已登峰造極矣。斯時也，兩女雙頰飛紅，星眸迷離，氣喘聲吁。而鑼鼓聲息，宣告閉幕矣。觀者目眩心搖。有不克遏止者，給以番佛念尊，即可躍登舞臺，匹馬單槍，叫陣挑敵，戰她個數百回合也（錄自拙厂之《鏡前寫真記》）。

有某大老者，後房多寵人。粉白黛綠，列屋而居。爭豔鬥媚，各不相讓。大老年近古稀，貌似童子，周旋其間，雨露均霑，無竭蹶之虞。此何故耶？後耳其親信某君所言，方知大老日食陰棗七枚，故能夜御十女，老當益壯。採陰補陽，雖屬旁門左道，不可為法，然其效果，常有出人意料之外者，不可以無稽之談視之也。大老所用女僕，為數十四，均年輕貌美，以重資雇來。每晚以乾紅棗七枚，分置於七人。女僕分兩班，隔日一易，川流不息。棗經浸潤一宵，次晨（**按：原作最**）取而食之。女僕經六個月後，即遣之歸家，無不面黃肌瘦，精神萎靡。休養數月，始復原狀。體弱之人，有因而致死者。嗚呼，萬惡金錢，何所求而不得！以生命為兒戲，供一己之淫樂，雖曰筋強骨壯，能御多女，然缺德過多，終受天譴。有識之士，所不取焉（拙厂撰《嘗棗記》）。

鄭雲璬贈情人詞，調揀香詞云：明明的山盟共設，鬱鬱的爐香漫熱。怕情人心見別，貼香肌把著人香燒徹。此際情兒切，此後疤難滅。便做了冷痛熱還疼，須知是我和伊著疼熱。「燒肉香」者，情人留作表記之意。明代《嫖經》有「走、死、哭、嫁、守，抓、打、剪、刺、燒」。

「小開連理竇，微創合歡眠」，李慶英「梳攏詩」中句也。

董如瑛〈步步嬌〉詞云，燈前笑擁芙蓉面，鬢嚲雲鬟亂。偏喜夜如年，夢怯陽臺，自覺情見倦（見字疑作皃）。欹枕並香肩，喘吁吁不奈多嬌顫。所謂枕席雖盡乎情，彼此各了其事也。

《山歌》有「春畫歌」云，姐兒房裡眼摩鋥，偶然看著子介本春畫了滿身酥。個樣出套風流家數儕有來奴肚裏，那得我郎來依樣做介個活春圖。

又「後庭花」歌云，使得槍兒也弄得鈀，丟得團（**按：原作（魚團）**）魚也搨得蝦。一般道理無兩樣，在行姊妹那弗曉得後庭花。

毡房匠人做子毡房床，毡房姐兒嫁子毡房郎。毡摺子床傍打地鋪，毡穿子地皮見閻王（**婦人是閻王皂隸，姹童是閻王催批**）。

松江傅四，名姝也。有「篤癢山歌」云，姐兒篤癢無藥醫，跑到東邊跑到西。梅香道，姐兒拾了弗燒杓熱湯來豁豁。姐道，梅香呀，你是曉得個，熱湯只豁得外頭皮。松人謂女陰為「篤」。

山陰俞蛟（青源）《夢厂雜著》，其「臨清寇略」，因親遇王倫之亂，被圍臨清，而躬臨壁壘者也。驗云，城上以劈山炮、佛郎機、遲山鳥齊發，鉛子每丸（**按：原作九**）重二兩。乃自午至酉，賊徒無中傷，謂炮不過火，賊挾邪術。忽一老弁急呼妓女上城，解其褻衣，以陰對之，而令燃炮。群見鉛丸已墮地，忽躍而起，中王倫弟偽稱「四王爺」之腹。群知其術可破，益令老弱妓女裸而憑城，兼以雞犬血糞汁縛帚灑之。由是炮無不發。烏三娘兗州人，年二十許。娟（按：原作娼）媚多姿，而有膂力，工技擊。本走馬賣械婦。率諸女巷戰，獨揮雙刀，能捍蔽鋒鏑。忽於馬上躍升屋，自屋而樓。樓三層高十餘仞。官軍圍三匝，矢炮擬之若的，三娘揚袖作舞狀，終莫能傷。日將夕矣，有老弁就賊屍割其勢，置炮上，一發而三娘墮地。與此可見男女二根，尚有辟邪之用。

男人天然癡叟之《石點頭》末一卷「潘文子契合鴛鴦塚」，楔子言及當時有關男色之方言云：男色一道，從來即有此事。文人之總題曰「翰林風月」。若各處鄉語各自不同，北方作「炒茹茹」（疑是菇字），南方人名為「打篷篷」，徽（按：原作微）州人名為「搨豆腐」，江西人名為「鑄火盆」，寧波人名為「善善」，龍游人名為「弄苦蔥」，慈溪人名為「戲蛤蟆」，蘇州人名為「竭先生」（李家瑞作「兔子考」，謂「兔子房」即「頓子房」之訛）。

東昏侯於芳樂苑立紫閣諸樓，壁上圖男女私褻之像。

前廢帝好遊華林園竹林堂，使婦人裸身相逐。有一婦不從，斬之。

劉宋後廢帝有白棓數十，各有名號，為「擊腦」、「槌陰」、「剖心」之誅。

騎馬布，即月水衣也。別名「蒙陰令」，亦曰「張羅」。

偽器，俗名「角先生」，俗名「廣東人事」（角先生因「觸器」二字而得名也）。

月布一名「料峭布」，足辟邪魔。張華《博志》（**按：原書名應為《博物志》**）：月布在戶，婦人留連。見《梅圃餘談》。

喜布在北方名福帕（讀作罷）。通作喜絹。揚州等地曰「狀元印」。

微雲詞裔「詠馬桶」七排廿四韻曰：

笑問誰家新嫁娘，簇新馬桶桶箱裝。封來備受奩單上，開出全排巾架旁。金斗口哆工合製，銅箍腰束爛生光。勻圓有樣宜彤管，安置無頗傍碧床。朱漆四圍猩血色，紅薰一道麝臍芳。十年縱有人嫌臭，三日還應我羨香。乍覺枯腸多茗飲，正思下體試蘭湯。抽身悄解羅裙帶，探手徐寬錦褲襠。露出臀圓疑雪皎，貼將腿嫩怯冰涼。賺郎入帳先安枕，教婢垂幃更斂裳。堅忍腹膨挨子細，微鬆股縫瀉丁當。珠零一串音初緩，玉滴千條勢忽長。迸裂雨聲淋瀝瀝，抉開河溜放湯湯。御溝落葉兼流赭，蜀道金生更出黃。半晌支頤低戀坐，一番裹足巧修妝。拭縑臨起挑凌亂，掩袖回看待蓋藏。輕喚侍兒來掇去，親勞保姆去傾忘。小姑不使尋常見，生客何由輕薄張。點點瀝乾臨濁水，蕭蕭滌淨向斜陽。口留奇暖因偎肉，股壓深痕尚截肪。準備三更登赤體，端攜一個進紅牆。饒他親密同於婿，輸爾溫柔老是鄉。曲幔更衣倍寂靜，閑窗脫履坐徜徉。肌柔滑理常容近，願化身來伴洞房。

帆影樓主「詠溺壺」十二韻云：

弗慚形穢入重帷，胯下無妨暫伏雌。號鶩一身藏器待，伴龜四腳把床支。
無情作妾難當夕，餘熱因人得幾時。白玉雕鎪誰弄巧，丹砂吞吐太嫌私。
溺先援手權呼嫂，飲後撐腸便想伊。暗摸漆顱悲智伯，暫存辯舌笑張儀。
矛頭利鈍君胥受，髀肉豐消爾豈知。銅漏聲添五夜靜，瓦全臭怕萬年遺。
凝紅渾貯楊妃淚，熨碧如親竹婢肌。汩汩口懸原易竭，皤皤腹滿要平持。
膨脝慣近雙凫宿，顛倒偏同匹馬騎。寄語老妻休嫉妒，推淵加膝總相宜。

東漢欒巴，初為閹人。後忽陽道通暢（以已腐之人，而有再朸（**按：此字為手寫，不甚清晰**）之理，且能子焉。此輩豈可縱之閨閣中哉？）改為郎中，遷桂陽太守。以直節著。死於陳蕃竇武之難。有子賀，官至雲中太守。

則天以貞觀十一年入宮，時年十四。永徽五年復入宮，六年立為后，時年三十二（高宗時年二十八耳）。六十歲高宗崩，又竊國二十一年，共八十二歲。史言則天好自塗飾，恒如四十許人。真天地間大妖也。武曌楊貴妃年齡，詳載《識小錄》卷一及四卷。

明汪司馬伯玉子婦，以妒宮其夫。司馬方與客飲，家人倉惶報之。客問故，司馬徐曰：新婦下小兒腐刑。

牧馬有不通淫者，名曰飄沙。

漢竇武母生武，並生一蛇。晉劉毅妻郭美沒於桓玄有身。玄敗，郭還，生一兒一鼠。

中秋無月則兔不孕。俗曰兔無雄，望月而生也。第兔實有雄，且具二卵，又一說兔尻有九孔，舐毫而孕，生子從口中出。亦荒唐。

悔谷名春，戶部尚書子，某孝廉孫。尚賓已承蔭為應天通判。父子爭一婢，至持刀相殺。子刺中父，幸不死。鄭鄤號崟陽，常州人。壬戌庶常也。淫魂之行筆不忍書，至強姦十三歲之媳，遂至此女自縊。吾蘇縉紳中有衣麻衣而昵陳元者。元，倡而優，最淫。縉紳皆為之顛倒。又有縉紳而為僧者。曾中甲科，歷官藩臬至三品。性喜與豬臥起，輒解其意，便溺不污床席。豬肥腯便殺食之，前後積豬蹄爪盈箱，時時出而嗅之，以為異香也。性喜淫，將平生所與淫者男女盡數寫出付梓。後悔悟為沙門。彼教中傳為野豬精轉世。

《粵西記》：宜州有怪如人，長丈餘，遍體鱗甲。遇婦人不食，以口吸其陰氣蒸蒸出。良久棄之去，婦人不能興，家人追尋負之歸，調養經年始復常。

《大集經》：殊致羅婆菩薩告諸龍言，賢劫初，有一天子，名大三摩多。其夫人與驢交而生人，委棄廁中。有羅剎婦收養之。及其長成，身體端正，福德莊嚴，惟唇是驢，故號為怯盧虱吒大仙。漢言「驢唇」也。日月星辰皆此仙為之也。見《曲園隨筆》。

《風流自賞》，中山李鳳儀所著之筆記也。封姓家蓄一牝豬，日與牡犬雜處。豬遊牝時，竟以犬作艾豭與交。交已，犬勢入豬牝戶不遽出，亦猶犬與犬交者。然主人惡其蠢然二畜，非匹耦而相從也，鞭打移時，頗類膠黏，或犬隨豬避，亦豬偕犬奔，東則東，西亦西，互相鳴吠，見者無不嘩笑。逾時開釋，孕數月豬腹蓬蓬，屆期竟產數子。犬首豬耳，鼻口似犬，四足作豬蹄，而身之與尾又酷肖犬形。鳴聲格格戛戛，非豬非犬，閧動一時。主人惡其不祥，梃擊之，棄諸原野云。余乘車過陳家溝時，於鐵軌旁曾見二次，皆牡犬牝豕也。一則犬伏豕背，正作媾狀，一則二根湊合如犬相交。俗有詈「母豬狗」者（見《水滸傳》），殆謂此也。荒野無人處此種事何能免。馬驢相交而生騾，其始亦復如此。俗傳牝犬之陰如鎖，此說甚謬。蓋犬勢入而蓬勃，故不易脫筍也。

月經一名月水，《神仙腹食經》亦名月客。其經曰：仙藥有陽丹陰丹。陰丹婦人乳也。婦人十五已上，下為月客，有孕，月客絕，上為乳汁。明光宗服紅鉛。紅鉛乃婦人經水，謂為陰中之陽，純火之精。梵典所言「非梵行」，亦曰「不淨行」，指婬事也。

《德苑珠林》，引文殊問經：「若佛子自婬，教人婬，乃至一切女人不得故婬。婬因，婬業，婬法，婬（**按：原作淫。凡佛典中言及「淫」皆作「婬」，故改**）緣，乃至畜生女，諸天鬼神女，乃非道行婬。」又引《智度論》「除已論外，餘之男女鬼神畜生可得行婬者，悉是邪行。雖是自妻不犯，然須避於非處。謂自妻非道及得身已，亦須避之。」又《成實論》云，「自妻非處，謂口及大便處」。指一切不正當之洩慾也。

幽歡詞，調寄〈點絳唇〉云：殢雨尤雲，靠人緊把腰兒貼。顫聲不徹，肯放郎教歇。檀口微微，笑吐丁香舌。噴龍麝，被郎輕齧，卻更嗔郎劣。見《支頤集》。

成化戊戌，徽州倪進賢出入閣老萬安之門，得庶起士。安病陰痿，進賢自譽善醫，具藥瀋為洗之。因改御史。時人呼為「洗鳥御史」。

有新婦夜遺其溺者，一人以詩嘲之曰：丹青不用自成龍，夢裏頻頻告出恭。智伯有頭無可用，沛公如廁不相從。非關雲雨巫山濕，若決江河大地通。枕畔忽驚郎喚醒，方知身在水晶宮。

老年續娶或納妾者，以詩嘲之曰：二八佳人七九郎，婚姻何故不相當。紅綃帳裏求歡處，一朵梨花壓海棠。又曰：偎他門戶傍他牆，年去年來來去忙。採取百花成竅（按：當為蜜）後，為他人作嫁衣裳。此集句也。又曰：七十做新郎，殘花入洞房。聚猶秋燕子，健亦病鴛鴦。戲水全無力，銜泥不上樑。空煩神女意，為雨傍高唐。

王成寧見村婦便溺道旁，因作「塞鴻秋曲」云，綠楊深鎖誰家院，見一女嬌娥，急走行方便。轉過粉牆東，就地金蓮，清泉一股流銀線。衝破綠苔痕，滿地珍珠濺。不想牆兒外馬上人瞧見。

有娶再婚婦者，人以「柳梢青」戲之云，掛起招牌，一聲喝采，舊店新開。熟事孩兒，家懷老子，畢竟招財。當初合下安排，又不是豪門買獃。自古道正身替代，見任當差。

一人娶妻已破瓜無元。袁可潛作〈如夢令〉贈之云，今夜盛排筵宴，准擬尋芳一遍。春去已多時，問甚紅深紅淺。不見不見，還你一方白絹。

朱淑真能詩，方伯延入衙，以妾陪之。飯時令詠筯，朱應聲云：兩家娘子小身材，捏著腰兒腳便開。嘗得個中滋味好，除非伸出舌頭來。雙關妙絕。

〈佳人出浴・黃鶯兒〉云：衣褪自藏羞，似芙蓉，映素秋。胸酥香潤蘭湯透，金蓮兩鉤，玉山汗流。起來漫倚闌干後，粉痕收。烏（**按：原作烏**）雲半嚲，懶上晚粧樓。

〈嘲遺溺・水仙子〉詞云：佳人一貌不尋常，流出桃花賺阮郎。身軀兒須在陽臺上，藍橋水淹得茫茫。二三便洩漏春光。錦被裏翻紅浪，繡幃中波液長。一對戲水的鴛鴦。

漢孝惠高后時，冒頓寖驕。乃為書使使遺高后曰：孤僨（**按：**原作憤。觀下文可知其誤）之君，生於沮澤之中，長於平野牛馬之城。數至邊境，願遊中國。陛下獨（**按：原作濁**）立，孤僨（**按：原作憤**）獨（**按：原作濁**）居，兩主不樂，無以自娛。願以所有，易其所無。載《漢書》「匈奴傳」中。「僨」字即「張脈僨興」之「僨」。此以醜詞相謾耳。呂后雖受辱，不敢稱兵，乃婉言以復之曰：「單于不忘弊（**按：當作敝**）邑，賜之以書。弊邑恐懼，退且自圖。年老氣衰，髮齒墮落，行步失度。單于過聽，不足以自污。弊邑無罪，宜在見赦。竊有御車兩乘，馬二駟，以奉常駕。」

佛經中名男色為「旃羅含」。

牡馬之外腎，甚益人，名曰龍卵。明天啟時，十月間進上，官家最重之，列於御饌。

龍鹽，龍交時所遺者。有益幃箔。按疑是馬精。見天啟《宮詞》注。

《焚椒錄（**按：原作綠**）》：遼蕭後所寫「十香詞」，淫豔之至。

《文海披沙》：嚴分宜父子溺器，皆用金銀鑄婦人，而空其中。粉面彩衣，以陰受溺。

余曩在三娘子城，遇一晉妓，弓彎三寸。自承下體有重臺之異，而名其陰曰「活竅」，二字新穎可喜。試之果能吞吐開闔，當者輒靡。（《繡襦記》：麗院，謂李亞仙之母為好肚皮好法竅，其意為老蚌生珠也）。

《談藪》載道人授房中之術，用嬰兒腎入藥。

兩女相狎曰「對點兒」。

近人有署名枝巢子撰《舊京瑣記》，多紀光宣間狀況。言前門外大柵欄樂氏所設同仁堂藥肆，門前為途人聚溺之所。主人不以為忤（按：原作杵），但清晨命人汎掃而已。蓋惑於堪輿家言，謂此地「百鳥朝鳳」（有人以白鳥鶴鶴喻男之陽物），最發旺云。

遂寧張鵬翮，由進士仕至吏部尚書。貌如好女子，諸同年皆戲弄之。康熙曰：張某竟似戲旦。因張素輕邪，甚至與人家奴博。且胡粉飾貌，搔首弄姿。聞天語遂矯稱道學。入椒房幕。有傳其為椒房傾溺器者。夫人妒悍之至。當為部郎時，一日早朝歸，夫人訝其久不進內室，出戶私窺之。遂寧朝衣未脫，立於僕婦之床前。僕婦雙足長尺，架披肩上，裸而淫之。夫人持皮鞭直入，遂寧朝衣冠偕寸絲不掛之僕婦，跪而受責。（見《西征隨筆》）

屄，女子陰也。世俗恒以此字代表為女性。又為詈人之名詞。英國亦有此惡俗。如《賊史》（英國小說，迭（按：原作送）更司所作）林琴南譯本中，有原書本宜呼南施之名，而沙克司乃以女人身中所有者呼之。蓋褻語也。林不欲形諸筆墨，以汝字代之，然失卻本來面目矣。梁君小農言，彼任鹽場時，有運鹽小船名「屄心」者，又有名髋罐者，詢其何以取得此名，答曰：船成時問名於婦，婦曰船小如屄心耳，何名為？可發一笑（男精俗呼作屐，見《金瓶梅》小說）。

包師素人〈詠紅抹胸・東坡引〉詞云：縫成新樣絹，一幅懷中展。香含豆蔻摩挲遍，融融珠汗染，融融珠汗染。晚涼浴罷，綠窗人倦，又薄取羅襟掩。問郎隔著猩紅片，可能依約見，可能依約見。

「妾喜西洋畫，相看總是春。入深還出顯，弄色太撩人。」「宛轉花陰解繡襦，柔情一片未能無。小姑漸長應防覺，潛勸郎收素女圖。」「玉骨冰肌膩似梅，香肩斜嚲漫低徊。春含蓓蕾酥應透，風颭腰肢瘦欲隤。畫本爭傳名士筆，行雲未上楚王臺。阿誰覷破紅巾罅，端的奇花尚未胎。」題春冊詩也。

卓人月女史〈鳳凰臺上憶吹簫〉，刺淫風也。詞云：鬧裏招人，冷中覓地，落花權作衾裯。笑鳳尖高舉，似鬥蟾鉤。逗得龐兒紅暈，無躲閃只閉星眸。閑挑問，聲低難聽，語到還留。羞羞，按魂不定，兩三遍央郎，看有人否。被風篁驚起，旋把鞋摳。重向花神私禱，須照願兩個情由。歸來也，還防聲響，環珮牢收。

近人小詞有詠乳云，「自從春色透大桃，無奈胸前兩點玉酥高」。又云，「那能身化杏花綃，裁作裩兒緊貼玉人腰」。朱竹垞〈詠美人乳・沁園春〉詞云：「隱約蘭胸，菽發初勻，脂凝暗香。似羅羅翠葉，新垂桐子，盈盈紫藥，乍擘（**按：原作劈**）蓮房。竇小含泉，花翻露蒂，兩兩巫峰最斷腸，添惆悵，有纖袿一抹，即是紅牆。偷將碧玉形相。怪瓜字初分蓄意藏，把朱欄倚遍，橫分半截，瓊簫吹徹，界在中央。量取刀圭，調成藥裹，寧斷嬌兒不斷郎。風流句，讓屯田柳七，曾賦酥娘」。尤支明詩：「華清池畔月朦朧，玉體沾濡骨肉豐。笑解抹胸摩粉滴，羞看蓮子一雙紅」。貞研人〈一痕沙〉詞「美人乳」云：鎮日昏昏如醉，斜倚桃笙慵睡。乍起領環鬆，露酥胸。小簇雙峰瑩膩，玉手自家摩戲。欲扣（**按：原作叩**）又還停，儘憨生。（董文友詠乳，運用「寧斷嬌兒乳，不斷郎殷勤」二句為詞）。又有「美人乳」詞〈減蘭〉云，「珠圓玉膩，白似清霜柔似絮。偶折花枝，月映輕綃似見之。雞頭新剝，不辨味如酥與酪，癡絕書獃，消受溫柔妒小孩」。

新紅」。「美人入月」詩云：「無端春夕度溝鴻，學得嫦娥入月中。好事不堪經道破，笑塗面的試

「寬褪羅衣玉色鮮，蘭湯莫遣濕雙蓮。那能不稱檀奴意，自撫凝脂亦可憐」。此新浴詩也。又「紅林檎近」云：「六曲屏斜掩，幾枝香半焦。冰簟濺花露，銀盤膩芳膏。呼婢攙扶待起，倦眼似閉偷瞧。此際百媚千嬌，無力欠伸腰。戲水情自遠，避影意無聊。羅衣乍換，微空還怯深宵。暗思量前事，橫陳玉體，被翻紅浪魂又銷」。此新浴詞也。

又李笠翁「睸浴」調寄〈風入松〉云，「蘭湯攜到不寬衣，生怕有人窺。門扃重把湘裙掩，纔褪出葉底葳蕤。誰識蜂媒電眼，慣穿翠箔珠帷。芙蓉香透水晶輝，紅白豔成堆。從前愛把燈吹滅，不使見帳內冰肌。今自盆中托出，請從眼底收回」。此調中之第二體也。

《五代詩話》載有詠浴詩云，「初似洗花難抑按。終憂沃雪不勝任。豈知侍女簾帷外，剩

得君王幾餅金」。按趙后外傳，昭儀浴，帝竊觀之，令（**按：原作今**）侍女勿言，投贈以金。一浴賜百餅。納蘭容若有〈鬢雲鬆〉詞詠浴云：「鬢雲鬆，紅玉瑩（**按：瑩字原缺，據原文補**）。早月多情，送過梨花影。半晌斜釵慵未整，暈入經潮，剛愛微風醒。華露清，人語靜。怕被郎窺，移卻青鸞鏡。羅襪凌波波不定。小扇單衣，可奈星前冷」。

包素人〈沁園春・美人浴〉詞曰：「午夢初醒，喚取蘭湯，溫乎未溫。正紗窗深掩，輕除繡襪，花茵小坐，悄褪羅褌。扶上金盤，濯將玉質，不讓紅蓮蘸水痕。冰綃展，有輕盈粉汗，拂拭殷勤。隔簾珠濺頻頻，怕樑燕窺人此濁（**按：疑應作獨**）親。想滌罷銅窪，羅襟掩早，賺來金餅，香澤微聞。錦帶拴牢，侍兒扶起，重向妝（**按：原作狀**）臺粉黛勻。檀肩倚，把鞋鉤輕拂，淨剔纖塵」。

董文友〈屏邊聽浴聲・蘇幕遮〉詞曰：「兔華清，螢照冷。瞰浴潛來，轉傍湘簾等。誰料銀屏遮鳳脛，小玉嬌憨，枉賺黃金餅。粉應消，珠定映。喚取湯添，冷熱心頭省。豆蔻方挼知未竟，半晌纔看，禿袖來花徑」。

黃之雋〈一枝春〉詞「聽浴」，麗而有則，一掃凡豔。詞曰：「絮撲東鄰豔陽斜，小浹羅衣香汗。蘭湯試否，細語杜鵑花畔。窗紗閉響，想卸到畫鸞裙襉。知尚怯一縷微風，逗得玉肌空淺。移時暗聞水濺，是冰綃三尺，輕勻濕遍。梨花鏡裏，帶雨自憐春軟。窺牆未許，肯簾外侍兒金賺。應怕有雛燕雕樑，看人未免」。「美人浴」、「詠乳」及抹胸之詩詞甚多。茲所錄者，三分之一耳。

幽歡詞調寄〈鬟雲鬆〉曰：「洞房幽，平徑絕，拂袖出門，踏破花心月。鐘鼓樓中聲樂歇。歡娛佳境，闖入何曾怯。擁香衾，情兩結，覆雨翻雲，暗把春偷設。最苦良宵容易別，試聽紫燕深深說」。又曰：「漏聲沉，人影絕，素手相攜，轉過花陰月。蓮步輕移嬌又歇。怕人瞧見，欲進羞還怯。口脂香，羅帶結，誓海盟山，盡向枕邊設。可恨金雞催曉別，臨行猶自低低說」。

揚州金天福（子謙）〈夜合花・晚浴〉詞云：「暗卸鸞釵，低盤螺髻，繡簾垂到黃昏。新涼甫透，蘭湯著手猶溫。清更潔，倩誰捫，喚侍兒料理金盆。軟香凝雪，柔肌濯玉，何況無痕。粘來粉澤氤氳，聊藉輕綃一抹，滌盡纖塵。晶屏隔斷，偷窺多半銷魂。花帶雨，月傳神，笑環肥只解承恩。桃笙慵倚，羅衫斜掩，開了重門。」

劉薌谷著《粵屑》，有女變男二則。又有二形人云，有娶外方攜來一女為妾者，上有陽物，其卵則成陰穴。又電白有妓名阿蘭者，所眷言其陰戶之內，有時又出陽具。亦常與女伴交接，但不甚堅云。按《七修類稿》云，有蘇氏娶一妾，下半月女形，上半月則陰戶出陽勢。嘗考《玉歷通志》，載心房二宿具男女二形，又知是造物之故也。

《蟲鳴漫錄》所紀多髮賊時事。有一則言，曾寓客店，主婦年將六旬，忽發狂，裸體欲出市覓男。有少年店夥三人，擁之入室。竊窺之，則次第據而迭淫焉。良久淫畢，婦衣服而出，安靖如故。詫甚。後有人語云，此嫗患花旋風，每發必多人與合乃愈。三少年蓋蓄以待之者。如無健男迭御，則入市亂嬲。此症此醫，皆奇聞也。

白下有尼庵藏肆夥云，尼七八人，無論老幼，周而復始，迭就狎媟，久而陰痿，尼以熱湯浸布巾握之，少頃輒起而復淫。月餘無間，遂病歸。醫治半載方差。終身不能近女矣。

有官舫見岸臥一裸婦，按其腹甚（**按：原作其**）堅，陰有流精。知為輪姦氣閉。令榜（**按：榜字似不通，疑應為傍**）人覓舊草履焚之，伏其身，以陰就煙薰之。返舟遙視。良久婦甦，起著衣，攜籃去。地漬精斗餘。後訪知婦以縫紉登糧艘，人見其輕佻，挑之。婦故倚門者，樂就焉。於是合舟水手四十餘人迭淫。淫畢見其垂斃，委岸揚帆去。

富室止一子，年七齡。令隨婢寢處。婢已十八九，慾念甚熾，苦無所覓，乃日弄子陰而調以褻詞。久之漸導以交合之事，子知識略開。婢抱子於懷，播其陰起，引入媾合。子幼精未通，無所洩。一夕婢覺子陰中熱氣直沖入腹，稍為暢適，子已氣脫，伏死於身矣。以暴疾死，不疑。後婢竟舉一男，守節撫之。

顯宦某喜淫，置一椅於園中，暗設機括。婢婦有不從者，擕入椅中，則手足勾縶，任其輕薄。

江寧鹽道某多置姬妾，夜無虛度。然不喜共臥。當夕者俟其興至入御，事畢即起。稍逡巡即舉足踼跌床下。亦奇事也。

吉安一妓，狎之者當其吸鴉片煙時，褪其衵服，從後淫之，遂成痼疾，非此不能過。年漸老，無與往來者，則出資雇健男數人，每日三次過癮時，極力抽送以悅之。可笑至矣。

有詩人每吟必御女，方成傑構，久之成癖。

童女滴血水中凝如珠者，為貞女之證（血著物日久必變色，惟元紅終不改鮮紅）。長州韓尚書桂舲稚年讀書齋中，知識初開，於無人時以手弄陰。適有貓戲於旁，見其（按：原作共）蠕動，躍登膝上。韓出不意，驚而精咽，遂痿。

有依表兄嫂同居者，對室三人，皆略知醫。一夜漏闌，嫂忽大呼表弟，以兄危急，不能離身。意為陽脫，乃取艾從牖入。然尚交股，未便啟衾，遂剪被徑寸許，以艾炙尾閭骨。不意嫂伏其上，誤炙其臀，一驚呼而火氣度入莖中，兄（按：原作足）亦頓甦。可見生氣相通，不必貼肉施治（時報載有商與妓幽會脫陽，妓逃。其妾聞訊至，見其昏迷狀，以針刺其股不愈。據妾云，此人患此病，妻妾以針自隨。今為時過久矣，急送入醫院）。

粵東有需次者，陰長二尺餘，纍纍下垂，不能縮。以帶縛繫於肩。終身未嘗近人道。

有少年未娶時好狎邪遊，體尪弱。新婚之夕，暢極陽脫。新娘偎抱，以口度氣而救之甦。詢何以知此法，女曰：在室時，聞隔窗兄與表兄放談穢褻，會（按：會當作曾）論及脫陽不可離身，必以口度氣乃可活。今郎下部熱出屢屢，色變氣閉，恐是此症，姑試之，不意竟驗。

回民以婦與人姦，名曰惹邪，延師誦經禳之。

人身乃一泰卦。泰為上地下天，人中以上，耳、目、鼻皆雙竅，乃坤卦也。人中以下口、腎、穀道皆單竅，乃乾卦也。蔣矩亭言，雙竅單用，單竅雙用。如耳聽目視鼻嗅，而口能言兼飲食，腎小便而兼生育。惟（**按：原作維**）穀道雖一用，而可用作龍陽，亦屬雙用。語雖褻而卻有至理。

飲食男女，大欲存焉（告子）。然秉賦亦有不同，常開平三日不御女，皮裂血出。軍中攜妓自隨。明太祖不之禁。紀文達公日必五度，否則病。

董子文海道「赴德留學旅行記」中，所紀經過非洲法屬知不的（地譯名）時，有黑人三女一男坐甲板上。黑婦穿粗白布服，禿頭如尼，貌甚寢。是晚有法兵八人，徵得黑婦同意，而輪姦之。此婦年較幼。翌晨此被姦之婦，端坐甲板上，人皆向之指笑。彼毫不靦腆，若無所事者。平居裸體，膚黑如漆也。

《曲雅》載明馮侍御惟敏〈雙調水仙子・褻香〉云：「雪冰肌淺露紫葡萄，金寶釧斜連紅瑪瑙，麝蘭香正點花穴道。選良時真個燒。俊生生玉腕相交，齊臻臻香肩並靠，磣可哥銀牙碎咬，亂紛紛珠淚同拋」。按此曲即《金瓶梅》西門慶燒潘金蓮、王六兒、林太太、如意兒之香也。

《雍熙樂府》有〈交歡曲〉云：「口兒奸，手兒訕，床前跪下把人煎纏。脫繡鞋，奪針線，只恐怕外人瞧見。強廝偎，就要合連。摟的腰困，弄的身軟，揉的鬢偏」。

又《集賢賓》「歡偶」云，（上略）〈梧葉兒〉：「則為他心腸兒俏，端的是情意兒廣。更那堪交會不尋常。美甘甘香腮揾，軟濃濃乳味香。我和他效鸞凰，不由人雨雲昏迷了半晌。」〈醋葫蘆〉：「纔歇了半霎，又思量第二場。把一塊絹帛展污的水郎當。等的我浴盆洗了揩抹的光。我和你再同鴛帳，則被你奚落的我忒著忙。」〈後庭花〉：「趁著這翠幃屏，錦繡粧，簇珠簾，將門閉上。準備著珊枕腰間用，香羅手內將。摘卸了鳳頭黃。我將這烏雲（**按：原作雨**）來盤上。將衣服脫在旁。鳳頭鞋無意謊，則被他禁害的荒。」〈青哥兒〉：「你這般千般般般別樣，我則索百事事事斟量。則管裏倒鳳顛鸞無事當，則為這一點紅粧，嫩蕊芬芳，軟玉嬌香。引逗的俊秀才郎，心不荒張，再要成雙。只等燕懶鶯慵，柳困花眠，待何妨。敢恁時節將嬌雛放。」（下略）。

白孔有六帖，容齋有五筆。此記所蒐集者，稿盈數尺。若層出而無窮，當不止此數。惟此稿多採自前人之手筆，間有拙作存乎其間，涇渭之分，自亦難辨。譽之者言其香豔，毀之者謂欠雅馴。此後或印或否，皆未敢必。俟有定評，再為決定。倘蒙閱者賜教，無任感盼。

編省附言

附錄

非花記

花非花，霧非霧。夜半來，天明去。來如春夢不多時，去似朝雲無覓處。白樂天此詞，不啻為一般夜度娘寫照也。余自來春明，每聞東華春色之盛，亟欲一探之，苦無津可問。客居落寞，因挑同寓之蕩婦而暱焉。雖為歡不久，而個中秘密，聞之綦詳。佛言我不入地獄，誰入地獄。極言佛非身歷其境，不知一切苦，得以普渡眾生也。余本我佛之旨，不惜犧牲名譽精神，光陰財帛，硬著頭皮，特往脂粉地獄中囘翔一度。幸有智慧劍，不為情絲所縛，及早囘頭，未迷本性，然亦險矣。此非花記所由作。直是自錄口供．用懺綺業耳。故此篇前多纏綿之語，後作決絕之辭。

春夢朝雲，本為幻景，非敢自詡定力，勒馬於懸崖也。喚醒沉迷之夢，甘贏薄倖之名。知我者亦當諒我苦心矣。

人海逆旅中，寓一少女焉。金其姓，年可二十。小家劉碧玉，而生涯為夜度孃。叩其身世，各異其詞。故言人人殊，無能知其始末。或曰是女學士操行不檢，因而墮落者。其人知書識字，通夷語，善與人交。工修飾，芙蓉其面，飛霞妝也。柳葉如眉，黛墨痕也。鉛華不去手，故肌理似白皙。頭上青雲，以付并州快剪。膏沐光澤效時世妝，六寸圓膚，著蓮台響屧。眉能語，目能成。輕薄如驚風蛺蜨。蠻腰嬝娜，楊乳溫酥，尤物移人。然驟視之不得謂其不美也。繄何人，欲詳其失身之故，非與締交不為功。望衡對宇，適與余室斜峙，室邇人遠，唯有互相悵望耳。

東華門以東，折而北可里許，有蘭若，以大佛稱。

其鄰右夏屋渠渠，撰鴻雪因緣者之所居也。往日王謝之堂，今一變而為寄舍。余賃廡長安，占其丙號室，下榻於中。整頓琴書，排當飲饌，為長治久安計。

但弔影酬形，倍增寂寞。茫茫四顧，知音者希。好夢溫馨，惟有倩趾離導引耳。索居匝月，益覺無聊。忽察對門少女，時於戶牖相窺。奈宋玉無心，枉負偷香盛意。雖眉挑目語，焉能浼我哉。俄而金風競爽，玉露生涼。秋士心情，況遇著客裏西風黃葉。長夜消磨無緒，乃與同舍生挑燈閑話。生曰：君旅居無俚，曷不招對門女兒來，藉破岑寂。余詢彼為何許人，生以長安蕩婦對。並以撮合山自任。余笑謝之。後數日，陰雨連綿，愁悶不復堪耐。自念曷不一破色戒，偵得伊人真相亦佳。輾轉思維，室中盤旋者久之。仍以為不可。第塵念既動，正如弱絮因風，欲止不得。

乃召給使而語之故。對曰：金初寓於館，主人與之約，爾自出外薦枕席，不許納同寓之曠夫。金頗自好，克守前約，迄今無往還者。先生毋敗壞其例，吾儕小人，弗堪受過也。余惱恨而呵之曰：咄咄蠢牛，南中冶葉倡條，無地無有。而各旅舍利客之多金，方以若輩為誘餌，使役必為客多方牽引，亦獲得小沾潤，汝等誠不解事，速去毋溷乃公。是晚余於綠紗窗外走，舉首見金室坐一女郎，年屆破瓜，姓傳仙李，排行在第四，亦暗操神女生涯者。不覺移目簾罅，微窺之。美而艷，依人如小鳥，的是可兒。退喚侍者招之，旋答稱應某之召來，不暇久坐。未移時，果匆匆去。余益懊恨，未如之何。謂侍者曰：金既同寓，不便相邀。李則人人得而狎之，胡為不能來。館中例不得挾妓飲酒，何以獨寬他客。此等事非汝輩所能辦，去休。乃公將自圖之。某日薄暮，吟香枉顧，行到中庭，忽見驚鴻倩影，異而見詢。余曰：君殆與金相值耳，敝寓中多暗藏春色，此其一也。余當延致，備君鑑賞。吟香笑謂自公召之可也。名（愛寵）器（鑪鼎）何能假人。答曰：余久欲召之，一醉無名，特借花耳。吟香雅不欲，於是一團豪興，頓消於無何有之鄉。招金之舉又輟。間日，余擬借電線傳聲，約金過丙號舍，或相會於稻香村之小樓。轉念計亦不妥，不如逕招之為愈。然余未嘗不可逕入其室，自覺不合身分。伊人映柱迴腸。褰簾通語。雖久屬意於余，然須守主人約。萬分一遭其峻拒，將如何轉圜，遂毅然捨之。但每日對門以內，蘭息貫簾，清揚之聲，振入耳鼓。蔥指撫琴，悠遠之韻，談到心絃。謦欬聲聞，難搔心癢；色相炫目，頗攪情懷。同寓某少，早猜中隱祕，自居青鳥使，保余箋約。余欣然拂箋拈管，約來丙舍一談。箋尾自署攀桂客，由某少袖去，臨風遞於縞衣人矣。俄有侍者送函至，啟視之，略云：相約甚感，第同院相居，有礙顏面，後會有期，今極抱歉。

書被催成墨未濃，締視箋花妙格，係畫眉筆黛所作者。閱竟，慚汗交並，深悔多事，不怨其薄情，翻諒其重約，弗措意也。三更向盡。客院俱寂，忽有叩門聲，疑是玉人來。起來啟戶，則劃襪香階，意中人果盈盈而至。亟延入，款以菸茗。彼道罷勝常，先言主人之約，不能追陪苦衷，繼申欽慕之忱，甚願共數晨夕。余曰：同是天涯淪落人，相逢何必曾相識。辱與余交，實所欣慰。倘以友誼相往還，誰曰不可。金韙其言，小坐須臾。逡巡自去。翌晚余造其室，傾心若素昵。叩其身世，初不直陳。繼以軟語導之，始肯自敘梗概。於是知系出少昊（金）之裔，冒為飛燕之家，是其姓也。新桂如蛾眉，淑氣應珍物，是其名也。底事藏年花十八，標梅已屆嫁人時，是其歲也。叩其所學，則蠶拳嫘祖，桑採羅敷。叩其鄉里，則籍隸長陵，家居京兆。叩其父兄所業，則老父曾衛王宮，昔列黑衣之隊。弱弟初遊鄉校，今為白屋之徒。金生小為父母所憐愛，小年入學，歷級至中等。讀書逾十載，凡今之受新教育者，靡不信仰自由神，故金亦因是而墮落。

初金與某生邂逅，一見傾心，自春徂冬，情好益篤。某生蜀人，性狡黠遊學京師，不甘寂寞。因與金委蛇，以遂其男女之欲，自言無室家，將聘之為婦。日以此言餂之，海誓山盟，金信為實。從此梳妝不儉，服飾益奢，不敢取之於家，惟有貸之於友，日積月累，債臺高築。促其結褵者數矣，某生獨身生活，猶虞不給，胡能供伊揮霍。當其與金初交，不得不虛壯顏色，以搏歡心。久之阮囊羞澀，告急於乃父。函電交馳，後漸不應。間嘗取給於女，女一籌莫展，又不忍違，方以所事得人，將效于飛之樂，錢刀何用，寧能惜戔戔拂所歡情，深恐溝水東西，情天留恨。頻呼將伯，歷盡酸辛，典釵鬻釧，猶疑未滿情郎意。金所履之境，於是苦矣。然一線希望，即新婚燕爾之一幕。不圖某生利盡交疏，又迫於金促其結婚日急，頓起異念，不辭而行。李十郎復見今日，金如喪魂魄，痛不欲生。微聞使君已有婦，又自悔遭其輕薄，失身於瘋狂兒。自白璧有瑕，到處受戚鄙揶揄，因悔成恨，轉愛成仇。忽而慨想前情，愛之成癡；忽而回憶空言，恨之次骨。某生既匿避無蹤，金內受父母責逐，外受債家詭求，不得已出居旅舍。

有王傅二人者，先後嬖之，占為外室。欺其孑身，誘以重幣，輾轉飄零，復為匪人所誘。行雲行雨，陽臺頻惱襄王；非霧非花，倚門儼為蕩婦。花明柳暗，暮楚朝秦。雖無樂戶之名，竟有私科之實。上口謀果腹，下口貪淫欲。如其人者，豈少也哉。誤信自由，遺毒世間兒女，余聞其語，代為扼腕。解譬萬端，彼亦悔悟。談至夜分，各自歸寢。余十年來，喜作狹斜遊，閱人多矣。未有冰雪聰明，若其澈悟之易者，一經提醒，依舊認得本來面目。此豸殊可教，心神寧帖，蘧蘧入夢，不似前數夕輾轉反側矣。次日晨，見城北公告以所遇，艷之。約是晚過客舍，邀余為介，余因事未果。城北公遝招之，不至。乃轉由客寓主人往說，千呼萬喚始出來，坐片時，互談笑以為樂。先是城北公時來甲舍，對客言對門女兒，輒戲呼為妾。一日，金之弟戲著戎服來，逆阿姊，同寓見者皆譁笑，金頗難為情。城北公謂金虛榮心太熾，宜其墮落，先以冷雋語誚之，復為之解圍。金德之，報以一笑。金城北公雖逢場做戲，招來排悶，但一月前頭，已種此一笑因。余夜半歸寓，入甲舍，聞談笑正歡。金瞥見余至，頗露跼蹐之狀。余極慰之，遂退。金追蹤而出，挽余入其舍。其室編次第十五，自署室名曰月圓。室中一榻而外，有妝台，有書案，疏落多致，而几席精嚴，坐臥亦不惡。金對鏡理殘妝，燈下端相，雖具中人姿，而修眉可愛。余笑拍其肩曰：長吉詩新桂如蛾眉，倘字曰嫵生，亦甚高華。卿意云何？笑謝之。並曰：請從此遂以嫵生喚我。

（未完）

本期因載有胡叔磊禪房歡喜錄，故將瑤光秘記，暫停一期，俾免重複。另請靈犀君，特撰非花記以實之。此稿專敘督門暗倡密事，情節奇艷，文筆綺麗，尤勝前篇。況所紀皆實事，書中有人，呼之欲出。此作諒能饜閱者雅望矣。以後瑤光非花兩記並刊，祈注意。編者附白。

馬善人錦堂，字玉仁，長春之巨紳也。聲勢翕赫，與官府相往還，人多推重之，尊之曰善人。馬亦以善人自許。善人家豪富。養死士以自衛。邑之義舉，每爭先倡謀，慷慨捐助。復具樹人心，嘗解囊設男女兩學校。晚年篤信佛法，集居士若干人，立佛教會。躬登講席，孜孜勸人為善。故邑之士女童耆，莫不知有馬善人也。

顧善人性好色，長春女校，有教師三人，素有三姝之目。馬涎之，立女校於家。以重幣延三姝任教務，自主其事，夤緣而與之。私校之女生稍具姿色者，或誘以利，或迫以勢，強半遭其姦污，然皆畏之不敢言。所立男校，草率應事，掩人耳目，不管誤人子弟也。善人既為佛教會長，故僧尼尊之如泰斗，而仰其鼻息。邑有尼庵，老尼為住持，新錄一徒，貌美而多金，邑人某之女也。生有慧性，矢願出家，其父不得已媵以千金，聽其披薙。事為善人知，藉拈香為名，與女遇，艷之。謂老尼曰：若庵湫陋如此，曷募金修葺。尼欣然應，且乞其助。馬曰：余將建庵資福，乏人住持，汝肯捨此就彼乎？尼益喜，於是馬指近宅隙地，鳩工庀財，大興土木，並請尼為監。工未半，善人謂老尼曰：若庵既壞敗，轉瞬得新居，將安用之，曷拆除磚木可用者助其成。繼又紿之曰：余貲竭矣，汝徒可捐千金，庶他日主其政為不愧耳。尼具應之。馬得所捐金，又貨其庵址。蓋菴之址當通衢，貨其地，頗得善價，馬垂涎久矣。至是如願而償，乃命老尼督工建築，食宿於其所。而謂之曰：若徒年幼，與工人居，不便，可移住我家。老尼唯唯。命女隨去，不知善人原非善類也。善人挈女歸，百般調笑，女不應，誘之不從，強之逃而歸。善人怒，逐老尼。老尼退無所，求宥不許，求復其庵不許，求還其金，又不許。而善人揚言於眾曰：其徒不貞·故逐之。女聞之，慚而自縊。新庵成，別延他尼住持，老尼悔痛不已·刺血作表，控馬善人於城隍神廟。誦經七晝夜，勺水不飲，泣血焚香，惟冀神靈懲惡而已。先是善人有妻妾六七人，而無子，賣漿翁有女，年及笄，貌殊美，馬陽撫之為女，陰納為妾。其第三妾最妒，獅吼之聲常聞，馬厭之，攜女遊湯崗，就溫泉浴，賃屋而居，避妒妾，暢所欲為。會善人之弟攜子來，為乃兄嗣續。三妾見小郎美，過與所天，因與之通。且曰：汝兄戀淫婦，不顧我，我與汝通，彼能耐我何？且汝子為我子，我其母也，與汝通誰曰不宜。寖之醜聲四播，有某生其鄰也，知其事，做書抵善人。略曰：余之婦，曾為女校生，汝誘姦不成，故作蜚語譏其不貞，復以書離間，我不察，遂與離婚，及後訪之，皆莫須有之事。現婦已別嫁，余悔之晚矣。今汝妾與汝弟通，中冓之羞，喧騰鄰里，汝帷薄不修，非淫報乎！馬閱竟，盛怒招其妾至，訶責之。妾懷恨歸，與弟謀，潛殺之。弟習西醫，遂以泰西法置毒於茶湯中，及馬歸，入第三妾室，飲水中毒，腹劇痛。謂妾曰：此必吾弟謀產也。必報仇，毋負我。妾漫應之。馬察其奸，踉蹌出，欲辯白於妻妾，妾起捉其裾不令去，腹痛益不可耐，情急欲呼。其弟掩其口，拽之登牀，以衾覆蓋，兩人並坐其上，俄頃遂死。妻妾咸疑之，執之官，苦無中毒狀，但屍軟如棉。嚴鞫之，始得其情。下弟及妾於獄，未期年，逢大赦，皆免死。妻及他妾，早瓜分所有，席捲而散，各自琵琶別抱矣。

當馬毒死之日，距尼之籲告之日未匝月，非天理昭彰乎？馬善人初本長春巨猾，貪淫兇橫，其衛士又皆邑之暴桀子弟，頤指氣使，居橫恣睢作惡，及以姦富起家，積資鉅萬，結納官府為護符。藉以魚肉鄉里，途人側目，莫敢誰何。蓋馬之董善舉，從而自潤也。興女校，為其漁色也。立佛教會，藉以沽名釣譽也。不知者方且推為物望，以為真善人。即知者，亦疑其懺悔罪孽，欲蓋前愆。人受其欺，而彼正以欺人自欺，但天終不可以欺也。卒矣好色戕生，貪財得報，世之豪猾有如其人者，亦可引為鑑戒矣。善人者志於仁而無惡，馬善人陰有惡逆之行，外得善人之譽，人莫得燭其奸，世風澆漓，可勝浩歎，善人死未數日，而佛教會之副亦暴卒。

長春佛教會，創自馬善人錦堂。而某乙為之副，狼狽為奸。邑人目為二冠虎也，乙無惡不作，聲勢與馬相埒，又與馬相繼死。死之前數日，有鄉人驅車入城市，驢驚逸，傷一貧家六歲兒。兒之父母執鄉人欲訟，適乙過其處，下車為解紛，使鄉人納五百金為醫藥資。鄉人謂力不逮，哀求乞免。乙怒，呼警拘鄉人去。押追甚嚴，警無非乙悵，乙方倚為爪牙，非刑虐拷，鄉人不能堪，不得已具保結，歸家籌款。貨田廬僅得三百金，納予乙，不受，堅執非五百金不能了。鄉人計窮，復懼囹圄之苦也，質十三齡女於其鄰惡豪，名為婢，實其妾，於是鄉人之女難為人矣。鄉人既得質女金二百，納於乙，乙風示貧家出和狀，鄉人遂得釋。貧家甚感乙，而乙佯作不知者，會貧家兒因傷致死，其父母哭之慟，向乙訴其事，且請領鄉人所出之金。乙初不承認，謂鄉人分文且未繳，何得擅遞和狀，遽釋鄉人。貧家言鄉人非已全繳乎？有警為證。乙傳警至，警已經預受乙誡，亦謂實未繳金，是貧家自願遞和狀，已釋之矣。貧家知受紿，怒甚，言不遜。乙亦怒，將死兒父交警，責其誣賴。貧家既痛兒死，又無所得金，復在縲絏，懨懨病幾殆。其妻泥首於乙門，始宥之。舉此一端，可知乙多行不義矣。某日乙將往佛教會，敷坐宣講，甫登車，故御者曰：某家兒未死耶？何以攀登吾車也，速推之下，御者無所見，答之乙如不聞，自起推之。汗如雨，若推之不去者，一路支拒，及抵道場，下車後，神志頓清，遂曳衣登壇，大呼天理昭彰，報施不爽八字。而下頦脫落，左右動搖，眼斜口張。當時士女如雲，咸相顧錯愕，侍者掖之下，共視之，已圓寂矣。

三日發喪，移柩原籍。其里人曾受其荼毒者無數，聞之相聚而謀曰：乙非蹂躪吾等者乎！此仇欲報久矣，苦不敢與之抗。今乙雖死，吾等必報仇，不然非夫也，且將為厲。共應曰諾。及柩至權厝某山麓。是夜里人丁婦，治酒作饌，歡然轟飲，三鼓後，月色皎潔，共往斧其棺，斫其顱，互以刀斧支解之。屍無完處，復反其屍，捋其褌，以黍稭一束，插其穀道中，爭拔一支銜接之，頓高逾丈。爇殮時衣衾，溺其冠，然後紛散。三日其子復山，見厥狀，復有野獸齧痕，慘不忍睹。號而歸。白於母，誓雪此恥，且將訴官府，盡拘鄰里，嚴懲之。其母聞之，殊不哭，且力止其行。子不聽，號痛不已。且責母何無香火情，母密語曰：汝豈乙之子哉！我實丙之婦，丙不幸早死，守節未數月，乙奪我志，慫姑逼我改醮。乙強委禽焉，卵石不相敵，且姑可以養，忍痛從之。因懷中一塊肉，不忍丙之嗣遂斬。幸遺腹生汝，視之男也。私心慶幸。乙無子，即撫汝為子。我利其家資鉅萬，不欲領汝俱去，受苦蓬門。又畏汝無力向學，日趨下流，遂安之。今天奪其魄，吾仇始終未復。鬼神特假手于鄰人，吾方德之不暇，汝烏能報之以怨耶？善自為之可也。若一經聲張，恐乙之族聞之，行將逐汝而瓜分所有，吾子休矣。速具畚鍤瘞之，我對之庶無所愧耳。其子唯唯聽命，但清明寒食，乙之墳前，終不見有麥飯一盂，紙錢灰飛也。乙之死，距馬死未旬日，老尼亦曾指控之於城隍神，因馬誘姦少尼，乙亦預其謀也。此前二年事，余聞之趙君云。

Do身體02　PG1057

思無邪小記

——姚靈犀性學筆記

作　　者／姚靈犀
編　　者／蔡登山
責任編輯／林泰宏
圖文排版／楊家齊
封面設計／秦禎翊

出版策劃／獨立作家
發 行 人／宋政坤
法律顧問／毛國樑　律師
製作發行／秀威資訊科技股份有限公司
地址：114 台北市內湖區瑞光路76巷65號1樓
電話：+886-2-2796-3638　傳真：+886-2-2796-1377
服務信箱：service@showwe.com.tw
展售門市／國家書店【松江門市】
地址：104 台北市中山區松江路209號1樓
電話：+886-2-2518-0207　傳真：+886-2-2518-0778
網路訂購／秀威網路書店：https://store.showwe.tw
國家網路書店：https://www.govbooks.com.tw

出版日期／2013年9月　BOD一版　定價／300元

|獨立|作家|
Independent Author
寫自己的故事，唱自己的歌

思無邪小記：姚靈犀性學筆記 / 姚靈犀原著 -- 一版. --
臺北市：獨立作家, 民102.09
面； 公分. -- (Do身體 ; PG1057)
BOD版
ISBN 978-986-89853-2-2(平裝)

544.7 102016054

國家圖書館出版品預行編目

讀者回函卡

感謝您購買本書，為提升服務品質，請填妥以下資料，將讀者回函卡直接寄回或傳真本公司，收到您的寶貴意見後，我們會收藏記錄及檢討，謝謝！
如您需要了解本公司最新出版書目、購書優惠或企劃活動，歡迎您上網查詢或下載相關資料：http:// www.showwe.com.tw

您購買的書名：________________________________

出生日期：________年________月________日

學歷：□高中（含）以下　□大專　□研究所（含）以上

職業：□製造業　□金融業　□資訊業　□軍警　□傳播業　□自由業
　　　□服務業　□公務員　□教職　□學生　□家管　□其它_____

購書地點：□網路書店　□實體書店　□書展　□郵購　□贈閱　□其他

您從何得知本書的消息？
□網路書店　□實體書店　□網路搜尋　□電子報　□書訊　□雜誌
□傳播媒體　□親友推薦　□網站推薦　□部落格　□其他__________

您對本書的評價：（請填代號　1.非常滿意　2.滿意　3.尚可　4.再改進）
封面設計____　版面編排____　內容____　文／譯筆____　價格____

讀完書後您覺得：
□很有收穫　□有收穫　□收穫不多　□沒收穫

對我們的建議：________________________________

____

____

____

請貼
郵票

11466
台北市內湖區瑞光路 76 巷 65 號 1 樓
獨立作家讀者服務部 收

（請沿線對折寄回，謝謝！）

姓　　名：＿＿＿＿＿＿＿＿　年齡：＿＿＿＿　性別：□女　□男

郵遞區號：□□□□□

地　　址：＿＿＿＿＿＿＿＿＿＿＿＿＿＿＿＿

聯絡電話：(日) ＿＿＿＿＿＿＿＿ (夜) ＿＿＿＿＿＿＿＿

E-mail：＿＿＿＿＿＿＿＿＿＿＿＿＿＿＿＿